E. W. Heine

Kaiser Wilhelms Wal

E. W. Heine

Kaiser Wilhelms Wal

Geschichten aus der Weltgeschichte

C. Bertelsmann

Verlagsgruppe Random House FSC-DEU-0100
Das für dieses Buch verwendete FSC®-zertifizierte Papier
EOS liefert Salzer Papier, St. Pölten, Austria.

1. Auflage
Copyright © 2013 by C. Bertelsmann Verlag, München,
in der Verlagsgruppe Random House GmbH
Umschlag: buxsdesign, München
Satz: Uhl + Massopust, Aalen
Druck und Bindung: Friedrich Pustet KG, Regensburg
Printed in Germany
ISBN 978-3-570-10148-3

www.cbertelsmann.de

Inhalt

- 7 Kaiser Wilhelms Wal
- 17 Der Hochaltar der Venus
- 27 Wolken über Kokura
- 31 Der Henker von Nürnberg
- 39 Der Tod des Dschingis Khan
- 47 Macht euch die Erde untertan
- 49 Ein Fass voll Rum
- 57 Geschichte(n) aus dem Altmühltal
  Das Opfer 57 · Der Eisenschmied 60 · Der Tote spricht 62 · Ich will, dass du mit mir gehst 64 · Der Wolf und der Rabe 66 Die Jagd und der Kampf 68 · Die Prophezeiung 70 · Klimawandel 72 · Vor dem Keltentor 74 · Webstuhlzauber 76
- 79 Das Mammut-Experiment
- 89 Sex findet im Kopf statt
- 101 Ansprache eines Gottgläubigen
- 109 Makaberer geht es nicht
- 113 War Noah ein Tierquäler?
- 117 Rache
- 127 El Cabrito
- 139 Weltuntergang

Diese Geschichten sind so wahr und unwahr wie alles, was in unseren Geschichtsbüchern steht.

Kaiser Wilhelms Wal

Im Naturkundemuseum der Insel Juist liegt ein Knochen, der kaum Beachtung findet. Nur wenige interessieren sich für eine Rippe. Was eigentlich ungerecht ist, wenn man bedenkt, welch wichtige Rolle eine Rippe bei der Erschaffung Evas gespielt hat. Bei der Rippe, von der hier die Rede ist, handelt es sich um die Rippe eines Wales, der von keinem Geringeren als vom deutschen Kaiser erlegt worden ist, und zwar eigenhändig. So hat es mir bei meinem Besuch auf Juist ein alter Walfänger erzählt. Seine Vorfahren hatten hier schon als Seehundjäger und Walfänger gelebt, als die Friesen noch Preußen waren und Landratten auf Juist so selten waren wie Seebären in Bayern.

Bekanntlich wird ja nirgendwo so viel geflunkert wie unter Jägern und Fischern und Politikern auf Stimmenfang. Von Natur aus neugierig, bin ich der Geschichte nachgegangen und habe dabei Folgendes ausgegraben:

Kaiser Wilhelm II. war nicht nur der erste Diener seines Staates, sondern auch der gewaltigste Jäger unter der Sonne. Im zarten Knabenalter, in dem andere Kinder mit ihrem Teddybären spielen, erlegte er sein erstes Wild, einen Fasan. Von da an wurde über seine waidmännische Beute sorgfältig Buch geführt.

In nur drei Jahrzehnten hat dieser Kaiser mehr Tiere

erschossen, als in der Arche Noah Platz gehabt hätten. Dabei vermochte dieser größte Nimrod der Nation ohne fremde Hilfe nicht einmal ein Gewehr zu halten, so wie er ohne fremde Hilfe nicht mit Messer und Gabel zu essen vermochte, was er erlegt hatte. Das Fleisch musste ihm auf dem Teller zerschnitten werden, da sein linker Arm infolge eines ärztlichen Kunstfehlers bei der Geburt kürzer und schwächer war als der andere. Beim Schießen musste ihm ein Gewehrträger den Lauf halten. Der Kaiser brauchte bloß abzudrücken, immer wieder, viele tausend Mal.

Zur Ehrenrettung der Deutschen muss gesagt werden, dass dieser Monarch keineswegs eine Entgleisung war. Die Staatsoberhäupter der anderen hielten da fleißig mit.

Der österreichische Thronfolger Franz Ferdinand erlegte bei einer einzigen Jagd über zweihundert Rehe und Hirsche. Ein Heer von Treibern musste dem Erzherzog das Wild direkt vor die Büchse scheuchen. Die Treibjagd war wie ein Trichter angelegt. Oben am breiten Ende wurden die verstörten Tiere mit Hetzhunden und Trommellärm hineingetrieben. Die seitliche Begrenzung war mit Zäunen und bunten Lappen markiert. (Daher stammt der Ausdruck: Er ist mir durch die Lappen gegangen.) Das untere Ende des Trichters war so eng eingezäunt, dass die Tiere nur einzeln hintereinander passieren konnten. Sie standen regelrecht Schlange zum Abschuss.

So betrachtet, war das Attentat von Sarajewo, bei dem Franz Ferdinand aus nächster Nähe erschossen wurde, vom Standpunkt des Rotwildes aus betrachtet eigentlich ein Akt himmlischer Gerechtigkeit.

Aber zurück zu Wilhelm II. An seinem vierzigsten Geburtstag berichteten die Zeitungen voller Stolz, Seine Majestät habe während einer Jagd in der Mark Brandenburg die Erlegung seines 50 000. Tieres gefeiert.

Und dann wurde aufgelistet:

17 183 Hasen, 1627 Kaninchen, 2826 Wildschweine, 703 Rebhühner, 368 Rothirsche, 1696 Damhirsche, 798 Rehböcke 488 Wildenten. Wisente waren erschossen worden, Elche, Bären, Dachse, Füchse, Gemsen, Baummarder, Kormorane, Reiher und ... und ... und. Am Ende dieser gewaltigen Tötungsliste stand 1 Wal.

Da steht wahrhaftig ein Wal. Man kann es noch heute nachlesen. Und seitdem ich diese Liste gesehen hatte, ließ mich die Frage nicht mehr los, wie er das wohl angestellt hat.

Ich gönnte mir keine Ruhe, bis ich es herausgefunden hatte.

Die kameradschaftliche Offiziersvereinigung Veteranen des Französischen Krieges 1870/71 traf sich regelmäßig in dem Berliner Hotel Esplanade, häufig im Beisein des Kaisers, der sich in seinem Lieblingshotel wohler fühlte als in dem alten Berliner Schloss. »Et is jemütlicher«, pflegte er zu sagen. Das Esplanade hielt für diese Anlässe silberne Bestecke und Porzellan mit dem kaiserlichen Monogramm bereit. Und selbstverständlich lagerten im Keller des Hauses ausgesucht edle Weine, ausschließlich für den Hof reserviert.

Bei einem dieser Treffen im Sommer 1899 drehte sich das Gespräch um das neue, schwach rauchende Schießpulver der Armee.

Der weißbärtige Brigadegeneral Borris von Radowitz meinte: »Die Rauchlinien des Infanteriefeuers und die Dampfwolken, die früher die Batterien umhüllten, zeichnen die Stellungen von Freund und Feind nicht mehr ab. Sie verdecken aber auch die Kämpfer nicht mehr. Dazu kommt die ungemein gesteigerte Präzision der Schusswaffen. Als ich das letzte Mal auf dem Schlachtfeld von Vionville an der Stelle stand, an der Prinz Friedrich Karl am 16. August völlig ungedeckt auf freier Höhe sein Pferd angehalten hat, staunte ich, wie nah wir dem Feind gewesen waren. Das wäre heute nicht mehr möglich.«

»Die Präzision der Schusswaffen hat aber nicht nur die Kriegsführung, sondern auch die Jagd verändert«, sagte der alte Generalfeldmarschall Freiherr von der Goltz. »Mit dem neuen Infanteriegewehr lässt sich Großwild erlegen, an das sich früher kein Jäger herangetraut hätte.«

»Hört, hört!«, rief Kaiser Wilhelm. »Großwild, an das sich kein Jäger herantraut. Gibt es so etwas?«

»Mit einem herkömmlichen Schießprügel würde ich mich nicht an einen Elefantenbullen heranwagen«, sagte von der Goltz, der gerade von einer Safari aus Deutsch-Ostafrika zurückgekehrt war. »Und schon gar nicht an ein Rhinozeros. Wenn der erste Schuss nicht richtig sitzt, wirst du von diesem gepanzerten Riesen in den Boden gestampft wie ein Wurm. Mit der neuen Büchse aber zielst du der heranpreschenden Bestie zwischen die

Augen, und rumms fällt sie vor dir auf die Knie wie eine Nonne beim Anblick des Heiligen Vaters.«

Nach diesem Gespräch wollte auch der erste und größte Jäger des Deutschen Reiches einen Elefanten erlegen. Von der Goltz wurde damit beauftragt, alles dafür Nötige zu veranlassen, sehr zum Entsetzen der Kaiserin und des Kaisers engsten Vertrauten Philipp Graf zu Eulenburg, der bei einem Afrikabesuch des deutschen Kaisers, und sei es nur einer Safari wegen, mit diplomatischen Verwicklungen rechnete. Die Entsendung einer Strafexpedition nach China, bei der aufständische Chinesen den deutschen Gesandten ermordet hatten, war noch nicht vergessen.

Vor allem den Schwarzen Erdteil betrachteten die Briten als ihr ureigenstes Interessengebiet. Hatten sie nicht gerade erst ihre Insel Helgoland gegen das zu Deutschland gehörende Handelsimperium Sansibar eingetauscht?

Schulenburg machte dem Kaiser klar, dass der bevorstehende Abschluss des Zweiten Flottengesetzes die Anwesenheit Seiner Majestät unabdingbar notwendig machte.

Denn Deutschlands Zukunft liegt auf dem Wasser, wie der Kaiser bei Ansprachen immer wieder betonte. Und weil das so sei, wäre es eigentlich viel sinnfälliger, Deutschlands erster Jäger würde nicht einen Elefanten, sondern einen Wal erlegen. Was ist schon ein Elefant neben einem Wal, dem größten Säugetier der Erde? Eine Ratte neben einem Löwen. Wenn der Kaiser sich nicht mit Zweitrangigem zufriedengeben wolle, so habe er gar keine andere Wahl als einen Wal.

Wilhelm war begeistert. Ein Wal musste her!

Doch woher nimmt man ein solches Ungetüm? Einen Elefanten hätte man notfalls aus Indien kommen lassen oder aus einem Zirkus, aber einen Wal?

Wilhelm wäre kein Hohenzoller gewesen und hätte nicht von Gottes Gnaden regiert, wenn ihm in dieser Notlage nicht der Herr zu Hilfe geeilt wäre, so wie dem Alten Fritz bei Leuthen. Die Vorsehung wollte es, dass ein Wal auf den Strand der Frieseninsel Juist gespült wurde. Hier lag er in einem Priel und erwartete sein irdisches Ende.

Es war ein Schweinswal, einer von den sanften Schwimmern mit dem zoologischen Namen Phocoena phocoena, die zu Kaiser Wilhelms Zeiten die Nordsee noch reichlich bevölkerten. Schweinswale sind im Vergleich mit Pottwalen oder Blauwalen Zwerge. Sie ähneln mehr den Delphinen und den Tümmlern.

Das junge Weibchen, das auf dem Juister Strand lag, war nur wenig schwerer als der dicke Seehundsjäger Janus von der Herengracht. In der Nacht zuvor hatte die Walin ein zehn Pfund schweres Jungtier gekalbt oder richtiger: verkalbt. Schweinswale kommen im Gegensatz zu allen anderen Säugetieren nicht mit dem Kopf zuerst auf die Welt, sondern mit dem Schwanz voran. Die Schwanzflosse oder Fluke, wie die Fischer sie nennen, muss sich entfalten und festigen, damit das Kleine sofort nach oben schwimmen kann, um Luft zu holen, denn nur gut fünf Minuten können Schweinswale unter Wasser bleiben, sonst ertrinken sie.

In unserem Fall geriet die Geburt zur Katastrophe, weil ein kaiserliches Kanonenboot mit Volldampf vorüberraste, um reichsdeutsche Vormachtstellung zu demonstrieren. Dem kleinen Wal riss die Nabelschnur, bevor die Fluke sich entfalten und festigen konnte. Er ertrank.

Hätte er überlebt, wäre ihm vermutlich der gleiche Geburtsmakel beschieden gewesen wie Wilhelm dem Zweiten, nur dass eine Hand einem Schweinswal mehr zu schaffen macht als einem Kaiser.

Die Mutter geriet bei allem erst in Panik und dann ins Flachwasser. Das lag nicht daran, dass Wale grundsätzlich Furcht vor Booten haben. Segelschiffe werden von ihnen gern begleitet, aber Motorschiffe versetzen sie in Angst und Schrecken.

Dazu muss man wissen, dass Wale sich nicht mit den Augen orientieren. Die Sichtweite in der Nordsee beträgt meist weniger als einen Meter. Wie die Fledermäuse stoßen die Wale kurze Klicklaute aus, deren Echo ihnen dann ein Hörbild vermittelt. Der Lärm der Schiffsschrauben bewirkt, dass die Tiere praktisch nichts mehr sehen. Auf der blinden Flucht geraten sie dann in enge Priele auf flachen Stränden, an denen sie jämmerlich verenden.

Er sah einem kleinen Wal schon sehr ähnlich, wie er da lag, schieferschwarz mit weißem Bauch und klugen Äuglein. Die Juister Fischer, die ihn gefunden hatten, wollten ihn gleich totschlagen, um ihn zu Lampentran und Stiefelwichse zu verkochen.

Der preußische Steuerbeamte, der sich auf der Insel befand, um die Rösser zu zählen, die auf den Wattwiesen gehalten wurden, meldete per Funkspruch den Fund nach Berlin an die Adresse von Professor Rehnagel, den Leiter des Zoologischen Gartens. Der Zufall wollte es, dass an jenem Nachmittag Prinz Heinrich von Preußen zu Gast bei ihm war. So gelangte die wundersame Walbotschaft noch am selben Tag ins Berliner Schloss und von dort per Morseschreiber nach Norderney, wo Kaiser Wilhelm seit Anfang der Woche weilte, um seinen heiß geliebten Schlachtschiffen beim anstehenden Flottenmanöver so nah wie möglich zu sein.

Mit dem Sonderzug war er nach Emden gereist, da Norddeich noch keinen Eisenbahnanschluss hatte. Von dort war er mit dem Dampfer bis nach Norderney getuckert, wo er Quartier in dem Haus bezog, in dem schon Fürst Otto von Bismarck im Sommer 1853 gelebt hatte. Hier erreichte ihn die aufregende Botschaft.

Wie bei allem Anglerlatein wurde der Walfisch bei jeder Weitergabe ein gehöriges Stück größer und gefährlicher. Als die Nachricht den Kaiser erreichte, lag der Wal nicht mehr auf dem Strand, sondern schwamm schwanzpeitschend vor der Küste hin und her und versetzte die armen Juister in Angst und Schrecken.

Wilhelm II. brach sofort auf, um den Bedrängten zu Hilfe zu eilen wie weiland Sankt Georg der Drachentöter.

Gott sei Dank liegen zwischen Norderney und Juist nur zwei Seemeilen Wasser. Die Fahrt über die Gischt sprühenden Wellen wurde zum Walkürenritt. Wilhelm stand am Bug des Bootes, aufrecht und sendungsbewusst wie Lohengrin, der Schwanenritter.

Inzwischen waren die Juister damit beschäftigt, den

toten Schweinswal zurück ins Meer zu speditieren. Er hatte in der Nacht seinen Geist aufgegeben. Ein Schiffstampen wurde ihm um den Schwanz geschlungen. Zwei Rösser schleiften ihn über den Strand. Als er endlich kieloben ins Wasser glitt, drohte er zu versinken wie eine bleierne Ente.

»Wir müssen ihn wohl aufpumpen«, meinte Fietje, der Netzmacher, »sonst säuft er uns ab wie ein lecker Kahn.«

Und so geschah es. Mit Hilfe eines Blasebalges wurde dem Tier so viel Luft in den After gepumpt, bis er wie eine Boje auf den Wellen umherdümpelte. Er wirkte viel größer als vorher.

»Er stinkt schon bannig schlimm«, sagten die Juister, die herbeigelaufen waren. »Es wird höchste Zeit, dass der Kaiser kommt und ihn erschießt.« Denn es hatte sich inzwischen herumgesprochen, dass Seine Majestät im Anmarsch war.

Als dann endlich die kaiserliche Barkasse aufkreuzte, wurde sie von den Juistern mit ehrfurchtsvollem Schweigen begrüßt. Die Männer nahmen ihre Mützen vom Kopf, und die Frauen machten einen Knicks, ohne dass Seine Majestät das zur Kenntnis nahm, denn er hatte den schwarzen Fischleib entdeckt, der sich drohend von den bleisilbernen Wellen abhob, lauernd in Wartestellung, jederzeit bereit zuzuschlagen.

»Fahren Sie näher heran!«, befahl Wilhelm dem Mann, der das Boot lenkte.

»Nein, bitte nicht«, sagte der Juister Strandvogt, der als Lotse an Bord gekommen war. Seine Warnung klang sehr besorgt, denn er hatte wirklich Angst, Angst, der

Kaiser könnte erkennen, was da vor ihnen im Wasser lag. »Bitte halten Sie Abstand!«

Seine Majestät verlangte ein Fernglas. Das seinige war in der Aufregung der raschen Abreise vergessen worden. Gott sei Dank! Der Strandvogt hatte sein Glas unter der Ölzeugjacke versteckt. Mit zusammengekniffenen Augen betrachtete Wilhelm sein Opfer. »Wie groß mag er wohl sein?«

»Riesig. Es ist wie bei einem Eisberg. Nur ein Zehntel schaut heraus. Der Rest liegt unter dem Wasserspiegel.«

Ein Dutzend Atemzüge lang betrachtete der größte Jäger Deutschlands das größte Säugetier der Erde. Es war totenstill an Bord. Selbst die Möwen wagten nicht zu schreien.

Endlich winkte er seinen Gewehrträger herbei und sagte: »Dann werden wir es vollenden, mit Gottes Hilfe.«

Er ließ anlegen, visierte sein Opfer über Kimme und Korn und drückte ab. Der erste Schuss saß. Zischend entfuhr dem prall aufgepumpten Kadaver die Luft. Eine fast drei Meter hohe Wasserfontäne spritzte gen Himmel. Und dann versank der Wal in der von der untergehenden Sonne rot gefärbten Flut.

»Donnerwetter«, sagte der Kaiser, nur Donnerwetter, nichts weiter, aber es klang so ungeheuerlich stolz, als hätte er soeben eine bedeutende Schlacht gewonnen. Veni, vidi, vici.

Der Hochaltar der Venus

Immer wenn ich nach Versailles kam, nahm ich mir die Zeit, vor dem Bett Ludwigs des Vierzehnten zu verweilen. Dieses mit einem Baldachin überspannte Himmelbett ist mehr als ein kostbares Möbelstück und ein pompöses Ruhelager. In ihm empfing der Sonnenkönig Gesandtschaften, nahm Petitionen entgegen, unterzeichnete Erlasse, Todesurteile und Kriegserklärungen. In diesem Bett hat der König der Könige aber nicht nur geherrscht, hier hat er gelebt und geliebt, vor allem geliebt. Nicht nur die offizielle Hauptmaitresse stand dem König ständig zur Verfügung, es gab da auch noch eine stattliche Anzahl von legitimierten Nebenmaitressen.

Damit nicht genug, beschaffte die Madame de Maintenon dem König regelmäßig junge Mädchen, die ein, zwei Nächte das Bett mit dem König der Könige teilten.

Man kann an diesem Hochaltar der Liebe nicht vorübergehen, ohne sich in Gedanken auszumalen, wie himmlisch und reichlich hier der Venus geopfert worden ist. Welch ein Fanal der Lust! Es wird berichtet, dass die Mädchen, die am Morgen danach aus dem Schlafgemach Seiner Majestät wankten, ein unbeschreiblich glückseliges Lächeln auf ihren Lippen trugen.

Als Kinder haben wir gespielt: Was möchtest du sein? Damals träumte ich von Winnetou, Tarzan und Robinson. Später wäre ich gern der Sonnenkönig von Versailles gewesen.

Ich war den ganzen Tag in seinem Schloss umhergelaufen und verbrachte den Abend nun in Rambouillet mit einem Studienfreund. Wir saßen unter Apfelbäumen, hatten Brot, Käse und Wein auf dem Tisch und sprachen von Ludwig und den Frauen.

»Wie ist es möglich«, fragte ich meinen Freund, »dass eine so sinnliche Frau wie die Madame de Maintenon, die favorisierte Maitresse des Königs, jegliches Interesse an den Umarmungen des begehrtesten Mannes der Welt verlieren konnte? Und das in einem Lebensabschnitt, in dem die Frauen im Allgemeinen sexuell besonders aktiv sind?

Was war verkehrt mit ihr? Man hat versucht, die Maintenon als gefühlskalt darzustellen, aber hätte der König sie dann zu seiner Geliebten gemacht? Er galt als Frauenkenner und hat vermutlich mit mehr erlesenen Mädchen geschlafen als jeder andere Mann seiner Zeit. Es galt als Auszeichnung, vom König ins Bett geholt zu werden. Eine Nacht mit ihm war eine Art Ritterschlag geadelter Weiblichkeit, beste Voraussetzung für den Aufstieg in höfische Kreise. Jeder wollte dem Sonnenkönig so nah wie möglich sein, nur nicht die Maintenon. Sie versorgte Seine Majestät mit ausgesucht hübschen Mädchen, zog sich aber selbst so auffällig zurück, dass man von einer Bekehrung ohne Beispiel sprach. Die selbst auferlegte Enthaltsamkeit verlieh ihr in den Augen einfacher Gemüter fast so etwas wie einen Heiligenschein. Sie, die der König mehr als alle anderen liebte, brachte die tugendhafte Kraft auf, zu verweigern, wovon alle Frauen in ganz Frankreich träumten. War die Maintenon krank? Die Zeitgenossen schildern sie vital und kraftvoll. War es ein Sieg der Tugend über das Laster? Wie aber konnte sie dann junge Mädchen für das königliche Bett heranschaffen? Und wer in Versailles hatte schon moralische Bedenken beim Liebesspiel? Man genoss einander, ohne zu lieben, und trennte sich, ohne zu hassen. Man verführte und ließ sich verführen. Erotik war ein Gesellschaftsspiel. Partnerwechsel im Bett war so selbstverständlich wie Partnerwechsel beim Tanz.

Oder war die Maintenon in Ungnade gefallen? Keinesfalls. Der König bezeugte ihr vor dem ganzen Hof so viel Zuneigung, dass man bereits höhnisch darüber lächelte. 1683, nach dem Tod der Königin ging er sogar eine geheime eheähnliche Verbindung mit ihr ein.«

Mein Studienfreund, von Beruf Arzt und wie ich begeisterter Hobbyhistoriker, hatte mir die ganze Zeit schweigend zugehört. Er füllte unsere Gläser mit Wein und sagte grinsend: »Die Wirklichkeit ist viel banaler.«

»Du kennst des Rätsels Lösung?«

»Ja, ich kenne sie.«

Er trank mir zu und meinte, nachdem er sein Glas abgesetzt hatte: »Wenn du einen Menschen wirklich kennenlernen willst, musst du seine Ärzte befragen. Ihre Aufzeichnungen verraten uns mehr über den großen Ludwig als alle Biographien. Diese handgeschriebenen Berichte über den Gesundheitszustand Seiner Majestät füllen ein ganzes Regal in der historischen Bibliothek der Sorbonne. Wenn man darin liest, schämt man sich, Arzt zu sein. Mein Gott, was für eine aufgeblasene Bande von Kurpfuschern waren diese Leibärzte, ohne Kenntnis der elementaren Zusammenhänge. Was ihnen an Wissen fehlte, versuchten sie durch Arroganz wettzumachen.

Da begegnen wir dem Docteur Daquin, einem beleibten Bonvivant mit löwenartiger Perücke, der sich, begleitet von vier Lakaien, sechsspännig durch Paris kutschieren lässt und seine ausgewählt elitären Kranken mit dem feierlichen Ritual eines Kardinals kurierte und verstümmelte.

Docteur Daquin war davon überzeugt, dass es keinen gefährlicheren Infektionsherd im menschlichen Körper gebe als die Zähne. Sie seien die Ursache für die meisten Leiden der Menschheit. Und er beschwor den König, sich alle Zähne ziehen zu lassen, solange sie noch gesund und ungefährlich seien. Natürlich sträubte sich Ludwig gegen diese Tortur. Zu dem Zeitpunkt befand er sich im besten Mannesalter und besaß ein nahezu makelloses Gebiss. Er muss überhaupt ein gut aussehender junger Mann gewesen sein, imposant, groß und glutäugig, vor allem aber war er von cäsarenhaftem Sendungsbewusstsein durchdrungen.

In einer von ihm selbst verfassten Schrift heißt es: Der König beherrscht nicht den Staat, er ist der Staat.

Dieser übermenschliche Anspruch war genau der Hebelpunkt, an dem Docteur Daquin, unterstützt von anderen Ärzten, seine Einflussnahme auf den König ansetzte. Er machte dem Herrscher klar, dass seine Gesundheit gleichbedeutend sei mit seiner Glorie. Und diese, den ganzen Erdball erhellende Glorie des absoluten

Gottesstellvertretertums erfordere, dass Seiner Majestät alle Zähne gezogen würden.«

»Sie haben ihm wirklich die gesunden Zähne herausgerissen?«

»Ja, alle.«

»Hat ihn deshalb die Maintenon nicht mehr geküsst? Hatte sie etwas gegen zahnlose Greisenmünder?«

»Wohl kaum, denn sie gehörte zu dem Kreis der Höflinge, der gemeinsam mit Docteur Daquin den König beschworen hatte, sich die Zähne ziehen zu lassen. Zahnlosigkeit war in jenen Tagen kein Schönheitskriterium. Besser keine Zähne als faulige. Auf den Portraits des 18. Jahrhunderts werden beim Lächeln nicht die Zähne entblößt. Man ließ sich mit geschlossenem Mund malen, weil makellose Gebisse von großer Seltenheit waren. Eine Gesellschaft, die keine Zahnpflege kannte, dafür aber umso mehr Bonbons, Konfekt und stark gesüßte Schokolade verzehrte, war der ideale Nährboden für Karies. Friedrich der Große verlor schon als Dreißigjähriger seine Schneidezähne. Kummer bereitete ihm nicht sein Aussehen, sondern die Tatsache, dass sein Querflötenspiel darunter litt. Nein, die Zahnlosigkeit war es nicht, die die Maintenon davon abhielt, den König zu küssen.«

Mein Freund trank von seinen Wein und meinte: »Docteur Daquin schrieb in sein Tagebuch: Der König hat mich wissen lassen, dass er zu allem bereit ist, sogar zum Sterben.

Nun, zu sterben brauchte er nicht, aber beim Ziehen der unteren Zähne brachen sie ihm den Unterkiefer. Damit nicht genug, mit den oberen Zähnen wurde dem Ärmsten ein großer Teil des Gaumens herausgerissen.

Der gebrochene Unterkiefer wuchs wieder zusammen, aber das zerstörte Gaumendach war nicht mehr zu ersetzen. Im Tagebuch des Docteurs steht: Zum Zweck der Desinfektion habe ich Seiner Majestät das Loch im Gaumen mit einem glühenden Eisenstab ausgebrannt, vierzehnmal.

Wenn der König jetzt trinkt, so geschieht es häufig, dass das Glas Rotwein wieder aus der Nase herausläuft. In dem offenen Gaumensegel setzen sich Brocken von Gebratenem und Gekochtem fest, quellen dem König nach wochenlanger Wanderung durch die Schleimhäute halb verdaut aus den Nasenlöchern.«

»Mann, hör auf!«, unterbrach ich meinen Freund und legte den Ziegenweichkäse aus der Hand, der mir bis dahin recht gut geschmeckt hatte. »Haben die ekelhaften Essgewohnheiten Seiner Majestät die Maintenon vergrault?«

»Die Essgewohnheiten? Nein. Er wollte ja weder mit ihr noch mit den anderen Maitressen speisen, und unten herum fehlte dem Sonnenkönig weiß Gott nichts. Er strotzte vor Potenz, vor allem aber war er von unstillbarem Appetit.

Ein gesunder Appetit, sowohl bei Tisch als auch im Bett, gilt in Frankreich seit jeher als Anzeichen allerhöchster göttlicher Gnade, vor allem bei Hofe. Hier betete man nicht: Unser täglich Brot gib uns heute, sondern: Herr erhalte mir meinen gesunden Appetit.

Und auch auf dem Gebiet war der König führend.

Zum Frühstück aß er kandierte Früchte, Schokoladenschaum, kunstvoll geformte Zuckerblüten und Vögel aus Marzipan. Sein Mittagessen bestand im Allgemeinen aus vier Tellern verschiedener Suppen. Danach folgten: ein ganzer Fasan, ein Rebhuhn, Hammelfleisch mit Knoblauch, gekochter Schinken mit viel fetter Sauce. Den Abschluss bildeten Backwerk, Pudding und Fruchtgelees.

Das Fleisch wurde in eisernen Pfannen acht Stunden lang zu einer weichen, leicht zu kauenden Masse zerkocht, die der König mit Wein herunterspülte. Seine Leibspeisen waren Trüffeln und Austern, von denen er bis zu drei Dutzend pro Mahlzeit verzehrte.«

»Muss er davon nicht fürchterlich dick geworden sein?«

»Nun, er war nicht gerade schlank. Das entsprach nicht dem Ideal seiner Zeit. Aber er war auch nicht auffallend übergewichtig. Das verdankte er wohl seinen sexuellen Kraftakten. Du weißt ja, ein guter Hahn wird nicht fett... Außerdem hatte er Mitesser.«

»Mitesser?«

»Ja, Seine Majestät war voller Würmer.«

»Woher weiß man von diesen intimen Dingen?«

»Es gab einen Hofbeamten, der nichts weiter zu tun hatte, als sich um den königlichen Stuhlgang zu kümmern. Von ihm erfahren wir, dass Ludwig der Vierzehnte sein Leben lang an Bandwürmern litt. Diese Schmarotzer bewirkten, dass der König mit maßlosem Appetit aß, ohne satt zu werden.

Die Folge waren permanente Verdauungsbeschwerden. Kein Wort erscheint in den ärztlichen Tagesberichten öfter als das Wort *vapeur*, gemeint sind Blähungen. Damit nicht genug, immer wieder erfahren wir *Seine Majestät hat heute wieder erbrochen*. Es folgt die Beschreibung des Ausgespienen: große Mengen unzerkauter Materie, in der Hauptsache unverdaute Trüffeln.

Seltsamerweise fand man das gut. Wichtigstes Organ der Verdauung war nach dem Dogma der damaligen Medizin nicht der Magen, sondern der Darm. Ihm galt alle Aufmerksamkeit. Nur ein völlig entleerter Darm war ein guter Darm. Aus diesem Grund verordneten die Ärzte ihrem allzu hungrigen Patienten täglich Abführmittel und Einläufe. Nach jeder Mahlzeit musste der König sein *bouillon purgatif* schlürfen.

Im Herbst 1686 ist sein Gedärm der jahrzehntelangen Behandlung nicht mehr gewachsen. Am After Seiner Majestät bildet sich ein faustgroßes Geschwür, auf dem der König der Könige mit versteinertem Gesicht sitzt. Docteur Daquin weiß, dass ihm eine Panne wie bei dem verpfuschten Gaumen nicht noch einmal unterlaufen darf. Bevor er den Eingriff wagt, lässt er Untertanen ausfindig machen, die ein ähnliches Geschwür haben. An ihnen probiert er zwei Monate lang die schmerzvolle Operation. Dabei wurden den bemitleidenswerten Opfern die Hintern so gründlich aufgeschnitten und wieder zugenäht, dass nur wenige das Martyrium überlebten.

Mit diesem experimentell erworbenen Wissen wagt sich Daquin endlich an den allergnädigsten After Seiner Majestät. Die Operation erfolgte ohne Narkose. Ludwig litt Höllenqualen, leitete aber noch am selben Nachmittag die zweistündige Sitzung des Großen Rates. Denn es war unvorstellbar, dass an dem pompös rituellen Tagesablauf von Versailles etwas geändert werden könnte.

Das Zeremoniell war so unabänderlich festgelegt wie eine mathematische Gleichung. Selbst der König unterstand dieser Geistesetikette. Er wurde nach einem festen Ritual angekleidet, gefüttert und umsorgt. Als Friedrich der Große von diesem starren Zeremoniell erfuhr, soll er gesagt haben: Wenn nur der Vorsteher der Taschentuchabteilung ihm ein Schnupftuch reichen darf und vier Personen nötig sind, um ihm ein Glas Wasser zu reichen, warum nimmt sich der Kerl dann nicht gleich einen Stellvertreter, der ihm an seiner Stelle dieses ganze verdammte Zeremoniell abnimmt?«

Mein Freund füllte unsere Gläser erneut mit Wein und meinte: »Der Mann, von dem du glaubst, er hätte sich jeden Wunsch erfüllen können, war in Wirklichkeit eine große Marionette. Seine letzten Worte auf dem Sterbebett waren: Applaudiert mir! Ich habe meine Rolle gut gespielt. So gut, dass ihn noch heute die Menschen um seine göttliche Größe beneiden, die in Wahrheit nichts anderes war als Gefangenschaft in einem goldenen Käfig.«

»Was aber hat das alles mit der Maintenon zu tun?«, wollte ich von meinem Freund wissen. Er zündete sich eine Zigarette an. »Hast du dir jemals die Portraits der Maintenon angeschaut? Sie blickt aus kurzsichtigen Augen in die Welt. Aber der Zuschnitt ihrer Nase mit den leicht geblähten Nasenlöchern bezeugt hohe Sensibilität ihres Geruchssinnes. Wenn Lieselotte von der Pfalz in einem ihrer Briefe schreibt: Der König liebt seine Maitresse *en titre* nach Art der Hündchen, so wissen wir heute, warum.

Der am *reinsten strahlende Stern der Sterblichen* hat so entsetzlich gestunken, dass es niemand in seiner Nähe länger auszuhalten vermochte. Vom scharfzüngigen Herzog Rochefoucauld stammt die Bemerkung: Ein Unsterblicher, der schon zu Lebzeiten stärker stinkt als seine Leiche.

Die Mädchen, die morgens aus dem Schlafzimmer Seiner Majestät wankten, waren nicht benommen vom Odem Amors, wie es in einem höfischen Sonett heißt, sondern vom Bockgestank der Verwesung.«

Mein Freund trank sein Glas leer und sagte: »Jede Epoche hat ihren eigenen Geruch. Ein Mensch aus dem Mittelalter wäre gewiss erschrocken, wenn er unsere desinfizierten, chemisch aromatisierten Leiber röche. Die Zeitgenossen Ludwigs wuschen sich nicht, sie stanken. Aber keiner stank so sehr wie der König. Auch hierin war er der Größte.

Majestätisch wie eine Gottheit ist er durch Versailles stolziert, aufgeblasen von Blähungen, die Eingeweide voller Würmer, die Nase von fauligen Essensresten verstopft, aber hoch erhoben.«

Seitdem begegne ich dem Himmelbett des Sonnenkönigs mit anderen Augen. Oder nein, mit anderer Nase.

Wolken über Kokura

Die junge Frau stand am Fenster und blickte hinaus in den Regen. Die Tropfen perlten von den Ginkgo-Blättern wie Tränen. Auch die Weiden, die ihre Zweige in den Gartenteich hängten, schienen zu trauern.

Wie sehr hatte sie sich auf diesen Tag gefreut. Geschmückt mit Blüten und Lampions, wollten sie den Fluss hinunterfahren, angetan mit den altehrwürdigen Traditionsgewändern, die schon die Großmutter bei ihrer Trauung getragen hatte.

Noch nie, solange sie zurückdenken konnte, hatte es um diese Jahreszeit so ausdauernd geregnet. Sie hatten das Orakel befragt, welcher Tag für die Trauung der günstigste sei, und die Shinto-Priester waren allesamt der Meinung gewesen, der heutige Tag sei ein ganz besonders gesegneter Tag. Das Glück wird über euch leuchten wie der Frühlingsmond.

Wie kann man sich bloß so irren. Die junge Frau spürte, wie der Zorn in ihr aufstieg. Immer haben wir uns der Natur untergeordnet. Einer unserer großen Dichter hat geschrieben: »Das Feuer hat mir mein Haus geraubt. Nun kann ich mich ganz dem Mond hingeben.« Niemand in Japan bekämpft Winterkälte mit Ofenwärme. Unsere Flüsse werden nicht begradigt und unsere Bäume nicht beschnitten. Wir verneigen uns vor der Sonne und begrüßen den Regen als ehrwürdigen Wohltäter, der uns das Leben schenkt.

Heute hasste sie ihn.

Sie dachte an Kamamoto. Er war Pilot bei den Kampffliegern. Der Fliegerhorst lag nur eine halbe Flugstunde von Kokura entfernt. Sein Kommandant hatte ihn für einen Tag und eine Nacht beurlaubt, damit er sie zur Frau nehmen konnte.

»Bete zu den Göttern«, hatte Kamamoto ihr geschrieben, »dass das Wetter uns nicht im Stich lässt. Bei schlechter Sicht darf ich nicht fliegen. Kein Risiko außerhalb der Kampfhandlung. So steht es über dem Tor unserer Kaserne.«

Sie blickte zum Himmel und wusste, er würde nicht kommen.

»Helft mir!«, beschwor sie die Ahnen und Götter. »Nur dieses eine Mal. Vielleicht ist es auch euch nicht möglich, so schwerwiegende Ereignisse wie Krieg und Tod zu verhindern, aber die Auflösung von ein paar Wolken müsste euch doch leichtfallen. Was ist schon eine Wolke? Nasse Luft, nichts weiter. Lasst mein Glück nicht an einem Nichts zerschellen.«

Der Krieg forderte immer höhere Opfer. Japans junge Männer flogen mit dem Kamikaze-Tuch in das Mündungsfeuer der amerikanischen Schlachtschiffe. Sie taten das mit der gleichen rätselhaften Selbstaufgabe, mit der die Nachtfalter in den Lampions beim Kirschblütenfest verglühen.

Der Regen rann ohne Unterlass. Die Wolkendecke senkte sich immer tiefer auf die Stadt herab. Das Leben war trostlos traurig. Die Ahnen waren tot, die Götter grausam und das Orakel wertlos.

Ein paar Seemeilen weiter westlich auf dem amerikanischen Flugzeugträger *Enterprise* beugte sich zur gleichen Zeit der Kommandant über den Kartentisch und sagte zu den anwesenden Schiffsoffizieren: »Die Wolkendecke über dem Zielgebiet ist so dicht, dass wir die geplante Aktion nicht durchführen können. Da der 6. August als Termin festgelegt wurde, werden wir eine andere Stadt gleicher Größe mit besseren Wetterbedingungen anfliegen. Ich habe den Präsidenten davon in Kenntnis gesetzt. Er gibt uns grünes Licht. Kokura ist out. Das neue Angriffsziel heißt...« Der Kommandant beugte sich tief über die Generalstabskarte, um den Namen der angekreuzten Stadt besser lesen zu können:

»Hiroshima.«

Der Henker von Nürnberg

Das ist die wahre Geschichte eines Killers, der fast vierhundert Menschen das Genick gebrochen hat. Das ist die Story von John C. Woods.

Sein Name wurde nicht, wie das häufig in so grausigen Fällen üblich ist, von der Redaktion geändert, denn John C. Woods hätte das bestimmt nicht gewollt. Er war, wie er immer wieder betonte, stolz auf sein Werk.

Er war kein Krimineller, der heimlich und heimtückisch im Dunkeln meuchelt, verachtet und von der Polizei verfolgt. Nein, er schlachtete Menschen ehrlich und offen. Er handelte nicht gegen, sondern im Namen des Gesetzes. Stünde sein Name im Guinness-Buch der Rekorde, so hätte ihm bis auf den heutigen Tag keiner den Rang streitig gemacht, und das seit über einem halben Jahrhundert. Innerhalb von fünfzehn Jahren hat dieser Rekordkiller 374 Menschen das Lebenslicht ausgeblasen, nicht als General oder als Organisator wie Adolf Eichmann, die anderen die schmutzige Arbeit überlassen, auch nicht als Bomberpilot oder Artillerieschütze, anonym und aus der Ferne, sondern eigenhändig und gewissermaßen im Nahkampf, Aug in Aug mit dem Gegner, denn John C. Woods war Henker, Armeehenker der Vereinigten Staaten von Amerika im Range eines Master Sergeant.

So wie sich andere junge Männer zum Dienst an der Waffe meldeten, so hatte er sich im Frühjahr 1943 freiwillig um den Dienst am Galgen beworben. Es war Krieg. *Your country needs you!* Auch am Schafott.

In einer Zeit, in der täglich Tausende von Männern beim Töten ihr Leben verloren, war das Handwerk eines Armeehenkers fast so etwas wie ein Traumjob. Niemand weiß, ob er eine Schlacht überleben wird. Anders beim Schlachten. Hier sind die Rollen des Metzgers und des armen Schweines von Anfang an festgelegt. Während die jungen Helden Amerikas »bloody Germans and dirty Japs« in die ewigen Jagdgründe beförderten, beschränkte sich John C. Woods Einsatz auf die Eliminierung der eigenen Leute, gegen Deserteure und Totschläger aus den eigenen Reihen. Und damit verdient man bekanntlich keine Orden. Es hat nichts mit nationalem Heldentum zu tun, wenn man einen uniformierten »Nigger« aus Oklahoma aufhängt, weil er einer neapolitanischen Hure den Bauch aufgeschlitzt hat. Wen wundert es, dass der ehrgeizige Woods einen ungeheuren Nachholbedarf in Ruhm und Ehre entwickelte.

Schließlich war er nicht irgendeiner. Mochten die anderen auch mehr Sterne auf den Schulterklappen tragen und fetteren Sold kassieren, er war der Henker, Herr über Leben und Tod. Der Scharfrichter ist der einzige Mensch, der mitten im Frieden ungestraft töten darf. Er bricht einem Verurteilten das Genick und geht anschließend zum Mittagessen wie ein Sekretär, der einen Brief beantwortet hat.

Aber trotzdem war John C. Woods nicht glücklich.

Seine Arbeit deckte sich nicht mit seinem Feindbild. Wie er in einem Exklusiv-Interview in *Stars and Stripes* gestand, betete er täglich darum, wenigstens einen Nazi aufhängen zu dürfen. Und wie kann es im Land der unbegrenzten Möglichkeiten anders sein: Er wurde erhört.

Sein Stern stieg mit dem Fall des Deutschen Reiches. Seine militärische Karriere begann, als der Krieg vorbei war. Nachdem sich Adolf Hitler mit einer Pistolenkugel der Verurteilung durch die Siegermächte entzogen hatte, sahen die Alliierten in Hermann Göring den wichtigsten Repräsentanten des zerschlagenen Systems. Seine Hinrichtung stand bereits vor Beginn des Nürnberger Prozesses fest. Auf ihn warteten nicht die Richter, sondern der Henker. Seit Prinz Eugen hatte kein Sterblicher mehr den Titel eines Feldmarschalls getragen. Und er, John C. Woods war dazu ausersehen, dem Stellvertreter des Führers das Genick brechen zu dürfen.

Tag und Nacht brannte in der Gefängniszelle Nummer fünf die Deckenbeleuchtung. Rund um die Uhr wachte ein amerikanischer Militärpolizist vor dem Guckloch in der eisenbeschlagenen Tür. Und manchmal ging auch John C. Woods dorthin, um sein Opfer zu begutachten.

Der fast feminine Knochenbau und die Schwere des Leibes waren ideale Voraussetzungen für einen perfekten Job. Hinzu kam, dass alle Gefangenen in bester körperlicher Verfassung gehalten wurden. Ihre medizinische Betreuung und Ernährung war so gut, dass Göring zu seinem Arzt sagte: »Man will mich wohl recht knusprig zur Schlachtbank führen.«

Zwei Tage später war er tot. Selbstmord.

Für John C. Woods stürzte eine Welt zusammen. Er fühlte sich um den Höhepunkt seines Schaffens betrogen. Als er von Görings Flucht in den Tod erfuhr, weigerte er sich, das Vernommene zu akzeptieren. Er vermochte es nicht zu fassen: »Es ist nicht wahr. Es ist nicht wahr!«, rief er, und dann weinte er so fassungslos, als hätte er einen Sohn verloren.

Nur wenige Menschen haben so aufrichtig um Hermann Göring getrauert wie sein Möchtegernhenker.

Doch er sollte getröstet werden.

Am Dienstag, dem 15. Oktober 1946, kurz vor Mitternacht hallten Stiefelschritte durch das Kriegsverbrechergefängnis von Nürnberg. Es war eine seltsame Prozession, die da kurz vor der Geisterstunde durch die Kerkerflure marschierte. Allen voran wie ein Opernherold der Gefängniskommandant US-Oberst Burton C. Andrus. Auf dem kurz geschorenen Schädel trug er einen aus Silber getriebenen Helm, in dem sich das Licht der nackten Glühbirnen spiegelte. Der Oberst und sein uniformierter Anhang waren gekommen, um zehn zum Tode verurteilten Deutschen mitzuteilen, dass sie noch in dieser Nacht am Galgen hängen würden.

Sie gingen von Käfig zu Käfig. Laut und soldatisch verlas der Silberhelm noch einmal das Todesurteil. Ein Dolmetscher übersetzte den Text ins Deutsche. Die Todeskandidaten verhielten sich wie alle Geschöpfe im Anblick ihres Todes: Sie schwiegen.

Die Henkersmahlzeit wurde angeboten: Eierpfannkuchen mit Pflaumenkompott oder Würstchen mit Kartoffelsalat und Senf. Alle wiesen das letzte Essen zurück.

Nur eine Stunde später erschien der Silberhelm zum zweiten Mal. Nun liefen ein evangelischer und ein katholischer Geistlicher hinter ihm her, beide Angehörige der US-Armee. Den Schluss bildeten wieder bewaffnete Soldaten. Vor der Tür des Reichsaußenministers Joachim von Ribbentrop machten sie halt. Auf ein Zeichen des Silberhelms stieß ein Soldat den eisernen Riegel zurück. Die anderen stürmten in die Zelle, ergriffen den Gefangenen, der sich nicht wehrte, und fesselten ihn an sich. Sie überquerten den Hof und erreichten die Turnhalle. Der Raum war in blendend helles Scheinwerferlicht getaucht, wie bei einem Schwergewichts-Boxkampf im Madison Square Garden. Das kalte Licht fiel auf drei Galgen.

Vierzehn geladene Zeugen beobachteten, wie Ribbentrop zur nachtschwarzen Tür hereinkam. Sie waren vier Generäle der Siegermächte mit jeweils zwei Journalisten ihres Landes und zwei deutsche Augenzeugen.

Der Verurteilte wurde aufgefordert, seinen Namen zu nennen. Laut und selbstsicher sage er: »Joachim von Ribbentrop.« Man nahm ihm die Handschellen ab und fesselte seine Hände mit einem Schuhriemen auf dem Rücken. Auf die Frage, ob er noch etwas zu sagen habe, rief er: »Gott schütze Deutschland. Mein letzter Wunsch ist, dass Deutschland seine Einheit wiederfinden möge.«

Noch während er sprach, wurden seine Beine gefesselt. Dann zog ihm der Henker von hinten einen Sack über den Kopf. Der Strick wurde um den Hals gelegt. John C. Woods trat zurück. Erstarrt und bewegungslos wie eine große Puppe wartete der Verurteilte auf seine physische Zerstörung, den Kopf leicht vorgeneigt, so als hörte er bereits den Sensenschlag des Todes. John C. Woods ließ sich Zeit. Wie lange hatte er auf diesen Augenblick gewartet! Nach einer Ewigkeit öffnete sich die Falltür. Ribbentrop stürzte. Sein Tod trat jedoch erst elf Minuten später ein.

Der Gefängnisarzt Doktor Pflücker hat uns die Technik des Hängens überliefert. Dort heißt es: Der Todeskandidat tritt auf eine Falltür, die nach Umlegen der Schlinge geöffnet wird. Der Delinquent fällt ein ganzes Stockwerk tief. Der untere Teil des Podiums ist mit schwarzen Tüchern verhängt, sodass die Vorgänge des Todeskampfes verborgen bleiben.

Ribbentrops Herz schlug noch, da führten sie den alten Generalfeldmarschall Wilhelm Keitel in die Turnhalle. Mit gefesselten Händen stieg er die dreizehn Stufen zum Galgen empor. Seine letzten Worte waren: »Der Allmächtige möge sich des deutschen Volkes erbarmen. Über zwei Millionen deutsche Soldaten sind vor mir für ihr Vaterland in den Tod gegangen. Ich folge meinen Söhnen nach.«

Morgens um zwei Uhr fünfundvierzig wurde Arthur Seyß-Inquart als Letzter hingerichtet.

Die Gehenkten wurden nackt ausgezogen. Zum Zeichen ihrer Ehrlosigkeit noch über den Tod hinaus wurde den Leichen wie beim mittelalterlichen Strafvollzug der Strick um den Hals gelegt. So wurden sie im Schatten der Galgen fotografiert. Sie lagen auf ungehobelten Kisten mit hervorgequollenen offenen Augen und heraushängenden Zungen. Ihre Gesichter waren blutverkrustet, eingeschlagene Zähne, gebrochene Nasen.

Zeugen der Hinrichtung erklärten, dass die Falltüren unter den Galgen zu klein gewesen seien. Die Verurteilten schlugen mit dem Gesicht auf den Rahmen der Bodenluken, bevor sie in die Tiefe glitten. Damit aber wurden die Verurteilten nicht nur kurz vor ihrem schmählichen Ende gefoltert, der Aufschlag verhinderte vor allem den freien Fall.

Den Männern wurde nicht das Genick gebrochen, sie wurden stranguliert und erlitten einen qualvollen und langwierigen Erstickungstod.

Der Mann, der für diese Teufelei verantwortlich war, wir wissen es bereits, hieß John C. Woods. Vier Tage nach der Strangulierung erklärte er in einem Interview mit der Armeezeitung *Stars and Stripes*: »Ich habe diese verdammten Nazis gehenkt, und ich bin stolz darauf. Sie haben bekommen, was sie verdient haben. Ich habe meine Sache gut gemacht. Über die Hinrichtungen selbst lässt sich nicht viel sagen. Sie liefen ab wie immer. Reine Routinesache. Eigenhändig habe ich jedem die Schlinge um den Hals gelegt. Ich habe mich persönlich um alles gekümmert. Es konnte gar nichts schiefgehen.«

Als er ein paar Tage später von einem englischen Journalisten auf die Gesichtsverletzungen der Toten angesprochen wurde, sagte er: »Was wollen Sie? Ich habe nur meine Pflicht getan.«

Der Reporter hielt ihm entgegen, dass das die Verurteilten auch gesagt hätten.

»Das ist doch etwas ganz anderes«, erwiderte Woods. »Sie waren brutale Killer, und so wurden sie auch gekillt. Gott ist gerecht.«

Vier Jahre nach den Ereignissen in Nürnberg, am 14. Februar 1950, sollte ihm Gerechtigkeit widerfahren. John C. Woods wurde getötet, als er im Staat New York einen elektrischen Stuhl überprüfte. Er geriet mit seiner rechten Hand gegen den elektrischen Kontakt. Obwohl er Schuhe mit dicken Kreppsohlen trug und nur schwach geerdet war, vermochte er sich nicht aus eigener Kraft zu lösen. Seine Schreie verhallten ungehört in der schallisolierten Hinrichtungszelle.

Der Tod des Dschingis Khan

Drückend heiß liegt der Sommer über der asiatischen Steppe. Der Horizont erscheint im Flimmerlicht der Glut wie aufgelöst. Die wolkenlose Bläue des Himmels versinkt in milchigem Staub. Mitten in dem Kessel von brennender Dürre bewegt sich eine Horde von Reitern. Lautlos schleppt sich der Heerwurm durch die Ebene. In ihrer Mitte die Kaschute des Khan, sein Wagen mit den acht Rappen davor. Verwesungsgeruch umgibt ihn, süßlich und ekelerregend wie die faulig-madigen Früchte der Kaschwari-Kakteen. Den Wagen des Khan umschlingt ein Kranz von abgeschlagenen Köpfen. Eine Siegesgirlande aus blutigem Haar und verdorrter Menschenhaut, aneinandergeflochten wie ein Kranz von Feldfrüchten zur Erntezeit. Eine schaurige Lese!

Geier begleiten den Zug, Rabenvögel und Fliegen und der Tod, ja, vor allem der Tod.

Niemand wagt sich in die Nähe des Wagens. Selbst den Rössern scheint es vor der tödlichen Ladung zu grausen. Mit gesträubten Mähnen und weit aus den Höhlen getretenen Augäpfeln zerren sie die schaurige Fracht gen Osten.

Im Inneren der mit goldenen Nägeln beschlagenen Kaschute thront in seinem Sessel aus Mammutzähnen und Marderfell Dschinghis Khan der Schreckliche, kerzengerade aufgerichtet, hoch erhobenen Hauptes. Weder das zänkische Geschrei der hungrigen Aasvögel noch der Gestank der Verwesung dringen bis zu ihm durch. Die schier unerträgliche Hitze lässt ihn kalt.

Denn er ist tot.

Mit ledernen Riemen haben sie ihn an seinen Armsessel gebunden. Aufrecht als Sieger kehrt er heim. Eine Perlenkette hält seinen Unterkiefer, damit die Kinnlade nicht nach unten fällt. Die geballten Fäuste stecken in Handschuhen aus Schlangenleder, um die Verstümmelung zu verbergen. Weil die Todesstarre den Siegelring nicht freigab, haben sie ihm den Ringfinger abgeschnitten, so wie es der Khan beim Tod seines Vaters gemacht hat. So ist es Brauch in der Goldenen Horde.

Hier gilt nur ein Gesetz. Es ist das Gesetz der verbrannten Erde. Der Besiegte wird ausgelöscht wie Ungeziefer. Seine Häuser werden niedergebrannt, die Felder verwüstet, das Vieh abgeschlachtet, die Brunnen vergiftet. Den Überlebenden werden die Köpfe abgeschlagen, aber erst nachdem sie die Schändung ihrer Weiber und Töchter mit angesehen haben.

Brutalität fördert die Wehrkraft. Wer weiß, dass er Schlimmes zu erwarten hat, kämpft bis zu letzten Atemzug. Und was wäre das Leben ohne Kampf? Eine jämmerliche Spielwiese für Kinder und Krüppel. Ein Feind, der sich kampflos ergibt, oder eine Frau, die sich bereitwillig hinlegt, ist so reizlos wie die Jagd auf zahme Ziegen.

Weiber müssen sich wehren, beißen, kratzen, um sich schlagen. Vergewaltigen, das ist wie Wildpferde reiten.

Erst der Widerstand entfacht die Lust. Wer reitet schon gern eine Eselstute?

Man sagt, dass die Toten noch für einige Zeit die letzten Eindrücke ihres abgelaufenen Lebens vor ihrem inneren Auge bewahren, so wie der Lehmboden den Fußabdruck des Vorübergegangenen. Wenn das so ist, dann trägt der Tote noch die Bilder seines letzten Lebenstages in sich, schattenhaft verschwommen und dennoch lebendig wie alle Erinnerung an Dinge, die wir für immer verloren haben. Mit eingesunkenen Augen starrt der Khan in die Finsternis, die ihn umgibt. Noch leben die Bilder.

Da ist sie wieder, die Stadt am Fuße des Gebirges, umgeben von frischem Grün, gespeist von sprudelnden Quellen, verlockend wie eine reife Frucht, die darauf wartet, gepflückt zu werden.

Feuertöpfe an ledernen Schleuderschnüren wirbeln durch die Luft, landen auf strohgedeckten Hütten. Rauch steigt zum Himmel. Blitzende Säbel. Wehende Pferdemähnen. Enge Gassen, gedrängt voll von Fliehenden. Und immer wieder blitzende Säbel, eine Springflut von Stahl. Im Tempel von Ulan-Bator drängen sich die Verzweifelten, die Hände flehend zu den Göttern erhoben.

»Wenn ihr nicht kämpfen könnt, hilft euch auch kein Beten. Hinein mit den brennenden Fackeln, die Tore geschlossen! Brennen soll die feige Brut.«

Endlich der Palast. Die Stufen zum Thronsaal übersät mit den Leibern der Erschlagenen. Dschingis Khan steigt über sie hinweg. Umringt von seiner Leibgarde, durchquert er die verlassenen Säle. Ihre Schritte hallen auf dem Marmorboden. Hinter einem Brunnenhof liegen die königlichen Schlafgemächer.

Kürbeldschin, die junge Gattin des erschlagenen Herrschers, erwartet Dschingis Khan am Tor der weißen Eunuchen. Stehend, von allen verlassen, trotzig, stolz, wunderschön, ein Juwel, das jedem König zur Zierde gereichen würde. Sie hat ihren kostbarsten Schmuck angelegt. Chinesisches Seidengespinst umfließt ihren Leib. Das junge Gesicht, stark geschminkt, mehr Maske als Miene, trägt Verachtung für die blutrünstigen Bestien aus der Steppe deutlich zur Schau. Da ist nicht die Spur von unterwürfiger Verstellung.

Der Khan betrachtet sie so, wie man eine Frucht betrachtet, bevor man in sie hineinbeißt. Kürbeldschin hält seinem Blick stand. Keiner spricht. Schweigend gewinnt sie Macht über ihn. Selbst die Leibwächter nehmen die Anmaßung staunend zur Kenntnis. Diese da ist nicht wie die anderen Weiber, die winselnd um Schonung flehen. Sie steht da wie eine Siegerin.

Der Khan bricht das Schweigen: »Wir haben deinem Gatten den Kopf abgeschnitten.«

»Ich weiß.«

»Du gehörst mir.«

»Ich gehöre keinem. Du kannst dich an meinem Leib vergreifen. Besitzen wirst du mich nie.«

»Ergreift sie!«

Die Leibwächter fassen ihre Arme und Beine, werfen sie auf das Lager, binden sie mit gespreizten Schenkeln an die Bettpfosten, die den Baldachin aus Straußenfedern tragen. Der Khan betrachtet seine Beute mit zusammengekniffenen Augen. Dieses Weib verwirrt ihn. Ihr hochmütiges Lächeln auf den fein geschwungenen Lippen erinnert ihn an ägyptische Steinskulpturen, die er in Samarkand gesehen hat. Woher nimmt dieses Weib die Kraft?

Er wird ihren Hochmut brechen.

Mit einem einzigen Ruck zerreißt er ihr Gewand von oben bis unten. Das Lächeln auf ihren Lippen bleibt. Aber in ihren Augen erwacht ein wildes, fiebriges Feuer, abgrundtief.

Er entblößt seinen Unterleib. Hunnen entkleiden sich nicht. Er riecht nach Schweiß. Sie erwartet ihn mit offenen Augen. Als er sich auf sie legt, hebt sie ihren Schoß, als könnte sie es nicht erwarten, ihn in sich aufzunehmen.

Komm, sagen ihre Augen, komm!

Und dazu dieses verächtliche Lächeln auf hochmütigen Lippen. Da stößt er zu. Ein nadelstichartiger Schmerz lässt ihn innehalten, erstaunt, verwirrt.

»Wie? War das alles?« Der Hohn steht ihr ins Gesicht geschrieben.

»Du Königshure, dir werde ich es zeigen.« Und dann nimmt er sie mit wutverzerrtem Gesicht. »Fahr zur Hölle, Hexe!«

Hier verlöschen die Bilder der Erinnerung.

Wie lange ist das her? Eine Stunde, ein Tag, eine Woche?

Was bedeutet Zeit jenseits der Schwelle, von der keiner zurückkehrt?

Drückend heiß liegt der Sommer über dem Land. Die Bläue des Himmels versinkt in milchigem Staub. Lautlos schleppt sich der Heerwurm über die baumlose Ebene. Mit ihnen reitet der Tod. Alle, die ihnen begegnen, müssen sterben. Und am Ende wird man auch sie erwürgen, um dem Khan in die Ewigkeit zu folgen. Keiner aus dem Leichenzug wird überleben, nicht einmal die Rösser. Man wird ihnen die Schädel einschlagen, wie das Gesetz es befiehlt.

Doch vorher werden sie Dschingis Khan heimgeleiten, um ihn in den Boden ihrer Ahnen zu legen, damit sein Werk vollendet werde: Ich will die ganze Erde zu einer glatten Tenne machen für stolze Hunnenreiter, so hatte er geschworen.

Sie werden ihrem Volk berichten, wie Dschingis Khan bei der Eroberung von Ulan-Bator in siegreicher Schlacht den Heldentod fand. Und keiner, nicht einmal der Khan, wird je erfahren, dass es Kürbeldschin war, die die Erde von der Geißel Gottes befreit hatte.

Sie wusste: Das Weib des Besiegten gehört dem Sieger.

Nein, lieber tot als Beute der Hunnen.

Sterben will sie wie Cleopatra. Doch als sie ihr den Korb mit der Viper bringen, besinnt sie sich eines Besseren. Hat nicht in der Nacht Uma, die heilige Schlange der Großen Mutter, zu ihr gesprochen, die alles Gebärende und alles Verschlingende. Kürbeldschin weiß jetzt, was sie zu tun hat.

Eigenhändig schneidet sie dem Reptil den Kopf vom Rumpf und schiebt ihn in ihren offenen Schoß. Die Giftzähne glänzen vor giftiger Gier.

Kürbeldschin erwartet die Geißel Gottes.
Das Weib des Besiegten gehört dem Sieger.
Nein, der Sieger gehört dem Weib des Besiegten.

Macht euch die Erde untertan

Als der Perserkönig Darius mit seiner Streitmacht die Dardanellen überqueren wollte und die Wellen ihn daran hinderten, ließ der König der Könige das Meer geißeln. Die griechischen Geschichtsschreiber machten sich über ihn lustig: Niemand vermag dem Meer Gewalt anzutun.

Pharao Amenophis ließ allen Honig des Landes ins Meer schütten, um das Salzwasser in Süßwasser zu verwandeln. Vergebens, wie seine Schreiber auf Papyrus festhielten, denn, so klagten sie: Der Mensch vermag nichts wider das mächtige Meer.

Was keine Kultur vor uns für möglich gehalten hat, wir haben es erreicht. Wir haben dem Meer Gewalt angetan. Wehrlos wie ein besiegter Riese ist es uns ausgeliefert, unseren Ölteppichen, unserem Industriemüll, unseren Walfangflotten. Sein Überleben hängt von unserem Wohlwollen ab.

Zu Cäsars Zeiten galt der Wald, der Germanien bedeckte, als unbezwingbar. Tacitus sagte, es sei leichter, die sturmgepeitschten Ozeane zu durchqueren als den Herzoginschen Wald, nach dem noch heute der Harz als letzter Rest benannt wird.

Jahrtausendelang haben die Eingeborenenstämme des Kongobeckens gegen den Regenwald angekämpft – vergeblich. Das Land, das sie ihm mühselig mit Feuerrodung abgerungen hatten, war über Nacht wieder zugewuchert. Gott heißt in ihrer Sprache: der Einzige, der den Wald ausrotten kann. In ihren Augen sind wir Götter. Was keine Kultur von uns für möglich gehalten hat, wir haben es erreicht. Wir haben dem Wald Gewalt angetan. Wehrlos wie ein besiegter Riese ist er uns ausgeliefert, unseren Motorsägen, Abgasen, Rinderherden und Bevölkerungslawinen. Sein Überleben hängt von unserem Wohlwollen ab. Jahrtausendelang hat uns die Natur bedroht. Im Wasser lauerten Krokodile, Haie und Blutegel, im Wald die Wölfe, im Bett die Wanzen, auf dem Friedhof die Würmer. Die Ratten haben uns die Pest beschert, Kornkäfer und Heuschrecken den Hunger. Die Mücken haben uns mit Malaria verseucht, die Affen mit Aids.

Jetzt wird zurückgeschlagen. Gnadenlos!

Ein Fass voll Rum

Seit Sonnenaufgang hatten die Kanonen gebrüllt. Sie hatten Feuer und Tod gespien. Wie ein Gewitter tobte die Schlacht über dem Meer. Dann endlich kam die Nacht.

Die Gegner, die sich wie zwei tollwütige Hunde ineinander verbissen hatten, erwachten aus ihrem Kampfrausch, tödlich verwundet und am Ende ihrer Kräfte. Die Franzosen hatten vierzehn Fregatten verloren. Die übrig gebliebenen waren schwimmende Wracks. Mit verhedderten Wanten, gebrochenen Spieren und zerfetzten Segeln trieben sie wie harpunierte Wale auf dem Atlantik. Tote bedeckten die Planken der Decks, zerrissen vom Blei der Kartätschen, erschlagen von stürzenden Masten, verbrannt vom Feuer. Das Stöhnen der Sterbenden vermischte sich mit dem Wehklagen der Lebenden. Die Schreie der Verwundeten wurden vom Wind davongetragen.

Die Engländer hatten alle Linienschiffe verloren. Ihr junger Admiral, ein Großneffe des Herzogs von Edinburgh, lag schwer verwundet in der Messe des Flaggschiffes und rang mit dem Tod. Sein Adjutant und vier von fünf Stabsoffizieren lagen auf dem Grund des Meeres. Die Lage war katastrophal.

Als der Morgen grau und trostlos heraufdämmerte, trauten die Engländer ihren Augen nicht. Die französische Flotte hatte im Schutz der Nacht die Anker gelichtet und war davongesegelt.

Acht englische Schiffe hatten die Schlacht überstanden.

Der erst zweiunddreißigjährige Kapitän Weatherwise wurde zum Flottenchef gewählt. Er verteilte die Überlebenden auf die noch manövrierfähigen Schiffe, wobei er die *Maryland* zum Hospitalschiff ernannte. Er verfügte, dass alle Schwerverwundeten dorthin gebracht würden, damit sie die Fürsorge erhielten, die sie aufgrund ihres heldenhaften Einsatzes verdient hätten. In Wahrheit jedoch wusste er, dass die Verstümmelten und Sterbenden die Kampfmoral der Mannschaft untergraben würden, wenn es zu weiteren kriegerischen Auseinandersetzungen mit dem Feind kommen sollte.

Die *Maryland* segelte eine halbe Seemeile hinter dem Flottenverband, so als hätte sie die Pest an Bord. Der Sarg, wie man das Hospitalschiff nannte, war eine schwimmende Hölle. Die Schwerverwundeten lagen unter Deck, dicht nebeneinander auf dem Holzboden. Viele von ihnen hatten Hände, Füße, Arme oder Beine verloren. Es gab Einäugige, Blinde und Skalpierte. Die mit Granatsplittern in den Därmen starben als Erste. Einige schrien und rasten so, dass man sie knebeln und fesseln musste. Andere weinten und winselten wie kleine Kinder. Es gab keinen Arzt. Die Hilfe, die man den Verstümmelten zukommen ließ, bestand darin, dass man ihnen feuchte Kompressen auflegte, um ihre Leiden zu lindern. Man las ihnen aus der Bibel vor und fütterte sie mit Zwieback und Fleischbrühe. Diejenigen, die sich nicht zu bewegen vermochten, wurden wie Säuglinge trockengelegt. Der Gestank unter Deck war mörderisch. Es wimmelte von Fliegen und Flöhen. Verbandszeug fehlte. Man verwendete alte Mehlsäcke und zerrissene Wäschestücke. Die Wunden wurden brandig. Blutvergiftung und Wundfieber rafften die Männer dahin. Einige erhängten sich. Andere sprangen im Fieberdelirium über Bord.

Murphy Osborn war vom Luftdruck eines Geschosses gegen den Großmast geschleudert worden. Als man ihn zur *Maryland* brachte, war er ohne Bewusstsein. Sein Gesicht war verschwollen und blutverkrustet. Eine Platzwunde zog sich quer über die Stirn. Die Schneidezähne fehlten. Er erholte sich wider Erwarten schnell. Als Leichtverletzter war er dazu verurteilt, die Todeskandidaten zu pflegen.

Er teilte sich die Arbeit mit William Kibben, dem eine Mörserladung beide Ohren und die Nasenspitze abgerissen hatte. Schon nach kurzer Zeit waren sie aufeinander eingespielt wie ein altes Ehepaar. Murphy, der Kleinere, fasste die Verstorbenen bei den Füßen, und William umarmte sie von hinten. Sie trugen die noch warmen Patienten an Deck auf die Leeseite und schwenkten sie einige Male nach rechts und nach links, bevor sie losließen. Dann schlugen sie ein Kreuz. Das alles geschah ohne Worte, so wie man Dinge tut, die eben getan werden müssen.

Die Männer redeten nur selten. Wenn der Gestank und das Stöhnen unerträglich wurden, sagte Murphy zu William: »Du hast es gut, Bruder. Du hast keine Nase und keine Ohren.« Und William, der ihn nicht verstand, nickte.

In der zweiten Woche nach der Seeschlacht lag Murphy zwischen dem Tauwerk auf dem erhöhten Achterdeck und träumte. Trotz der Kälte schlief er lieber unter freiem Sternenhimmel als im verpesteten Bauch des schwimmenden Sarges. Und wie er da so lag, hörte er das gleichmäßige Planschen von Ruderblättern. Eine kleine Barkasse näherte sich und legte sich längsseits. Murphy sah, wie ein paar Männer ein großes Fass an Bord zogen. Sie rollten es über Deck, öffneten eine Luke in der Bugspitze und ließen das Fass vorsichtig hinab. Dann verschwanden sie so lautlos, wie sie aufgetaucht waren.

Am anderen Tag wusste Murphy nicht, ob der nächtliche Spuk Wirklichkeit gewesen war oder ob er ihn nur geträumt hatte. »Zum Teufel«, fluchte er. »Wer auf diesem schwimmenden Sarg fährt, wird verrückt.«

Er suchte nach der Luke. Als er sie anhob, sah er das Fass. In der Nacht, als alle schliefen, stieg er hinab zu seinem seltsamen Fund. Es war ein Rumfass, verspundet und versiegelt. Er beklopfte es. Es war voll. Er holte sich einen Bohrer und schraubte von oben ein nagelgroßes Loch in den Deckel der Tonne. Als er den Bohrer wieder herauszog und daran roch, setzte für ein paar Pulsschläge sein Seemannsherz aus. Es war Rum! Feinster hochprozentiger Jamaikarum. Donnerwetter! Er beschnupperte und beleckte den Bohrer wie ein junger Hund. Dann holte er sich aus seiner Matratze einen Strohhalm, steckte ihn in das Loch und saugte sich voll wie eine Stechmücke, wie ein trockner Schwamm, wie ein Verdurstender. Zwischendurch lachte er wie irr, sprach mit sich selbst und saugte, saugte, saugte, bis sich alles um ihn drehte.

Als er erwachte, hielt er das Rumfass in seinen Armen wie eine dicke Geliebte. Trotz des Katers war er den ganzen über Tag guter Laune. Jetzt war ihm um den Rest der Reise nicht mehr bange. Mit zweihundert Litern Jamaikarum würde er sogar durch die Hölle segeln. Und alle, alle könnten ihn am Arsch lecken, selbst der Teufel und der Tod und die Franzosen.

Murphy kam jetzt jede Nacht und schlief bei seinem Fass im Ankerkettenkasten in der Back. Es waren schöne Nächte. Nur eines fehlte. Denn mit dem Trinken ist es wie mit dem Sex und dem Kartenspiel. Es gehören mindestens zwei dazu, sonst macht es keinen Spaß.

Und so erzählte er William Kibben von seiner wunderbaren Entdeckung, das heißt, er zapfte ein Glas Rum ab und gab es dem anderen. William schluckte das Zeug wie Wasser, stutzte und glotzte mit so inbrünstigen Augen, als hätte er eine Marienerscheinung. Die Tränen liefen ihm über das faltige Gesicht. Dann fiel er seinem Gönner um den Hals.

In dieser Nacht lagen sie zu zweit bei dem Fass in dem engen Ankerkettenraum, tranken und sangen, lachten und schwatzten

Murphy verstand nichts von dem, was William erzählte, weil der Freund durch den Verlust der Nasenspitze entsetzlich nuschelte. Und Williams verstand nichts von dem, was Murphy erzählte, weil seine Ohrlöcher so wund

und verschwollen waren, dass sie nichts wahrnahmen. Trotzdem war es großartig. Eigentlich gab es nur einen Umstand, der das Glück der Männer trübte: Was würde geschehen, wenn die, die das Fass hier versteckt hatten, zurückkämen, um den Schatz zu bergen? Dann würde es Tote geben. Murphy und William würden um ihren Rum kämpfen. Wer waren diese Schurken überhaupt? Wahrscheinlich hatten sie das Fass den Franzosen weggenommen. Die *Maryland* war ein guter Platz, um Beute zu verstecken, denn keiner von den anderen Schiffen würde dem schwimmenden Sarg einen Besuch abstatten. Und die Halbtoten hier hatten andere Sorgen als herumzuschnüffeln.

Der Flüssigkeitspegel in dem Fass fiel mit jeder Nacht, sodass sie ihn schon bald nicht mehr mit ihren Strohhalmen erreichten. Sie setzten tiefere Bohrungen an und verklebten die alten Schürflöcher mit Schiffspech. Der Rum schmolz dahin wie Schnee an der Sonne, denn Murphy und William waren gestandene Zecher. Der Ältere träumte von heißem Schweinefleisch und der Jüngere von noch heißerem Frauenfleisch. Sie verließen den Ankerkettenkasten nur, um zu pinkeln und zu kotzen.

Die *Maryland* und die Tage segelten dahin. Das Sterben nahm kein Ende. Täglich ging mindestens ein Toter über Bord. Die meisten der Verwundeten waren bereits von ihren Qualen erlöst. Auf den Rest warteten die Fische. Ihre Wunden eiterten und faulten; das Fieber verbrannte ihre ausgemergelten Leiber. Obwohl sie täglich weniger wurden, nahm der Gestank nicht ab, sondern zu. Es war so, als hätten sich die Planken des

Schiffes mit Fäulnis und Verwesung vollgesogen. Die Pestilenz hing in allem, übel riechend und ekelhaft, im Haar und in den Kleidern, sogar im Rum. Er schmeckte nicht mehr. Auch in ihm war der Tod. Der widerliche Geschmack verschwand erst, wenn sie einen Viertelliter Alkohol in den Gedärmen hatten. Dann läuteten alle Glocken von Wales, und die Luft war erfüllt vom Duft blühender Wiesen. Dann siegte das Leben über alle Gräber und Grüfte.

Als die kleine Armada am Mittwoch vor Karfreitag die Themsemündung erreichte, lebten im schwimmenden Sarg noch sieben Seelen.

Murphy Osborn war vom Fieber und vom Durchfall so geschwächt, dass er den Tod seines Trinkkumpans nicht mehr bei Bewusstsein erlebt hatte.

William Kibben war vor Dover zu den Fischen gegangen. Die Nacht zuvor hatten sie noch bei ihrem Fass gelegen. William hatte gelallt: »Juppheidi, juppheida, Rum ist gut für die Cholera.« Am Abend war er hin.

Am Tag der Landung wurde ein Ruderboot an der *Maryland* festgemacht. Sechs Männer kamen an Bord und holten das Fass. Sie verluden es auf einem Pferdefuhrwerk mit dem Wappen des Herzogs von Edinburgh. Noch in derselben Nacht wurde bei Fackelschein das Fass geöffnet. Man stellte mit Entsetzen fest, dass es nur noch zur Hälfte mit Rum gefüllt war. Der junge Admiral, den man auf diese ungewöhnliche Weise zu konservieren gehofft hatte, um ihn in der väterlichen Familiengruft mit allen Ehren zu bestatten, war in völlige Verwesung übergegangen.

Murphy Osborn aber starb zwei Tage später. Es wurde nie geklärt, ob an Alkoholvergiftung oder an Leichenvergiftung.

Gott sei seiner Seele gnädig.

Geschichte(n) aus dem Altmühltal

Im Altmühltal zwischen Kelheim und Dietfurt wurden so viele keltische Funde ausgegraben, dass daraus ein Archäologie-Park entstand. Dabei stellte sich die Frage: Wie gewinnt man die Aufmerksamkeit der Besucher an diesen Funden? Ausgrabungen sind ja auf den ersten Blick nicht sonderlich spektakulär. Interessant werden sie erst, wenn man die Menschen, die hier gelebt haben, wieder zum Leben erweckt. Geschichte lebt von Geschichten. Was wüssten wir von den Germanen ohne das Nibelungenlied, und was von den alten Griechen ohne Homer?

Das Opfer

Das Sonnwendfest stand vor der Tür. Die Muttergöttin Morigan erwartete ihr Opfer. Der Priester hatte die Götter befragt, wer von ihnen erwählt sei, die Große Mutter zu versöhnen. Ihr Urteil war auf Suhandan gefallen, ein Mädchen, schlank und langbeinig wie ein Reh. Als der Priester ihren Opfertod verkündete, ertrug Suhandan das Urteil mit Gleichmut. Mit dem Tod war sie vertraut. Die Mutter hatte sie bei der Geburt verloren. Der Vater war am Wundbrand gestorben. Den Bruder hatte der Feind erschlagen. Jetzt war sie an der Reihe. Die Götter wollten es so.

Dabei war sie noch keine sechzehn Sommer alt. Wenn sie an Ran dachte, liefen ihr die Tränen über die Wangen. Ran war der Gehilfe des Priesters, nur wenig älter als sie, beinahe ein Mann und doch noch ein großer Junge, der sein zahmes Reh mehr liebte als die Wettkämpfe der Männer. Dabei warf er den Eibenspeer fast achthundert Fuß weit.

Sie hatte sich in ihn verliebt. »Darf ich dein Reh streicheln?« Dabei hatten sich ihre Finger berührt. Welch ein unbeschreibliches Gefühl! So hatte es begonnen.

Die beiden trafen sich heimlich. Er sprach mit ihr wie zu einem Mann. Am liebsten sprach er über seinen Meister: »Er ist Priester, Richter, Arzt, Lehrer und Dichter in einer Person. Er ist die Brücke zu den Ahnen und den Göttern. Unser Wohl liegt in seinen Händen. Und ich bin sein Gehilfe!«

Daran musste sie denken, als die Frauen des Stammes sie im Dunkel der Nacht zum Haus des Priesters gebracht hatten. Dort stand sie im flackernden Licht der Kienspäne. Totenschädel blickten auf sie herab. Räucherkraut verbreitete einen betäubenden Duft.

Ran stand dabei, als die Frauen sie entkleideten. Seine weit geöffneten Augen waren das Letzte, was sie sah, bevor man sie in den Korb hob, den man über ihrem Kopf zusammenflocht. Mit angezogenen Knien wie ein Küken in seinem Ei, so kauerte sie in dem Weidengeflecht. Dann überließ man sie der Dunkelheit.

Im ersten Licht des Tages wurde der Korb herausgetragen. Auf der steinernen Opferplatte war ein Scheiterhaufen errichtet worden. Dort hinauf wurde der Korb gehoben. Die Männer spürten die Bewegung des Opfers. Sein ängstlicher Atem war nicht zu überhören.

Als die aufgehende Sonne den Himmel blutrot färbte, hob der Priester die Hand zum Zeichen, dass Feuer an den Holzstoß gelegt werden sollte. Trommeln wurden geschlagen, magische Rituale beschworen. Wilde, tierhafte Urschreie stiegen mit den lodernden Flammen zum Himmel.

Die sterblichen Überreste, die man später in der Asche auf der Plattform fand, waren erstaunlich feingliedrig und zart wie von einem Reh. Der Gehilfe des Priesters wurde erst ein paar Tage später vermisst. Es hieß, er sei ertrunken. Jemand wollte beobachtet haben, wie er im Morgennebel flussabwärts gerudert sei. Sein Reh hatte er vermutlich mitgenommen. Die beiden waren unzertrennlich.

Wie heißt es in einem alten Lied der Kelten: Stark wie der Tod ist die Nacht, ist die Liebe.

Der Eisenschmied

Torax, der Schmied, war ein finster dreinblickender Riese mit Pranken so schwarz wie Holzkohle. Bart und Haupthaar waren voller Brandstellen von den Funken, die ihm beim Hämmern auf dem Amboss um die Ohren flogen. Eine Schürze von Büffelleder umhüllte seinen massigen Leib. Darunter war er nackt, Sommer wie Winter, denn sein Arbeitsplatz war das Feuer. Mit zwei Knechten und einem zahmen Raben lebte er weit außerhalb der Siedlung, wo seine Hammerschläge bis in die Nacht durch das einsame Tal hallten.

Die Kinder fürchteten ihn. Die Alten begegneten ihm mit ehrfurchtsvoller Scheu. Keine andere Tätigkeit war so erschreckend geheimnisvoll wie die Kunst des Eisenmachens. Der Schmied war ein Magier, der erzhaltiges Gestein zur Rotglut verflüssigte, um daraus Speerspitzen und Schwerter zu schmieden, Ackergerät und Äxte, mit denen sich die mächtigsten Bäume fällen ließen.

Er verstand es nicht nur, Fels wie Bienenwachs zu schmelzen und in granithartes Metall zu verwandeln, er wusste auch, wo man Alraunen fand und Wasseradern, wie man sich vor Blitzschlag schützt und vor dem bösen Blick. Zum Schmieden mit dem schweren Hammer gehörten nicht nur Bärenkräfte, sondern auch geheime magische Kenntnisse. Man hielt ihn für einen gebenedeiten Günstling der Götter. War nicht auch Thor ein Hammer schwingender Gott. Der Eisenschmied war Anführer im Kampf, Schiedsrichter und Viehdoktor in einer Person.

Am Tag war der erste Schnee gefallen. Die Nacht war früher als sonst hereingebrochen, als eine junge Frau den Schmied mit ihrer Ziege aufsuchte. Das Tier hatte sich beim Umherspringen das linke Hinterbein gebrochen. Das Hämmern und der Schmelztiegel voll kochendem Metall versetzten die Ziege in Angst und Schrecken.

»Binde sie da hinten an den Haselnussstrauch«, sagte Torax, ohne mit dem Hämmern einzuhalten. »Ich bin gleich fertig.«

»Was schmiedest du da?«, fragte die Frau.

»Ein Schwert. Ich muss es nur noch baden.«

»Baden? Wieso willst du es baden?«

»Beile werden in Baumharz gebadet, Schwerter in Blut.«

»In Blut?«, rief die junge Frau ungläubig. »Du tauchst das Eisen in Blut?«

»Ja.«

»Warum tust du das?«

»Blut ist ein ganz besonderer Saft.«

»Und wie machst du das?«

»Die noch glühende Klinge wird in einen lebendigen Leib gestoßen, nur so wird sie hart und biegsam zugleich. Das geht allerdings nur bei Neumond und nach erstem Schneefall.«

»Wir haben Neumond«, rief die Frau. »Und gestern ist zum ersten Mal Schnee gefallen.«

»Ich weiß«, sagte der Schmied und schlug mit dem Hammer auf das rot glühende Eisen, dass die Funken stoben. Er betrachtete die junge Frau mit der Ziege und meinte: »Dieses Schwert wird mir ganz besonders gut gelingen.«

Der Tote spricht

Hier spricht der Tote, an dessen Grab du stehst. Ich kenne deine Sprache nicht, und dennoch wirst du mich verstehen, denn die Sprache des Todes ist allen gemeinsam, sogar dem Vieh und den Pflanzen. Suchst du nach Schätzen, die man mir ins Grab gelegt hat? Nimm dir, was du findest, denn wisse: Tote kann man nicht bestehlen. Uns gehört nichts, nicht einmal das Leben. Doch lass mir meinen Frieden.

Du bist kein Grabräuber. Ich spüre es. Euch treibt die Neugier. Ihr wollt wissen, wer wir waren. Wir waren Sterbliche wie ihr, geboren von einer Mutter und geliebt von einem Weib. Wir haben gejagt und gekämpft, gesät und geerntet, hart gearbeitet und gefeiert, ja, vor allem gefeiert. Keiner hat so gefeiert wie wir. Das Fest war der Mittelpunkt unseres Lebens. Tagelang wurde getafelt. Sogar die Ahnen nahmen daran teil. Hier beschworen wir die ruhmreiche Vergangenheit, schlossen Verträge und begegneten unseren Göttern: Teutates, dem Kriegsgott, und Cernunos, dem Herrn der Unterwelt.

Als Ausdruck gegenseitiger Treue tranken wir Männer aus einem Becher und verzehrten, was wir gemeinsam erlegt hatten. Wir lagerten im Kreis auf Fellen, berauscht vom Honigbier und vom Wein. Das Büffelkalb am Bratenspieß über dem Feuer verbreitete seinen verlockenden Duft.

Der Tapferste oder wer sich dafür hält, nimmt sich das beste Stück. So ist es Sitte seit alter Zeit. Macht es ihm einer streitig, kommt es zum Kampf. Wie im Wolfsrudel gehört der beste Bissen dem Leittier.

Ich griff danach.

Agetorix, der Schmied, schlug es mir aus der Hand. So wie man ungezogene Kinder straft. Er war ein grober Kerl voller Hochmut, aber von falscher Demut gegenüber den Göttern. Die Männer lachten über mich. Mir klangen die Worte des Druiden in den Ohren: »Hochmut ist so verderblich wie Demut. Zum Leben braucht man vor allem Mut.«

Da schlug ich zurück und traf ihn an der Schläfe. Er warf sich auf mich. Wir stürzten zu Boden. Mal lag er über mir, mal lag ich auf ihm. Es floss Blut. Am Ende war er tot. Mein Ansehen aber wuchs gewaltig. »Groß bist du«, sang der Barde.

Er irrte.

Merke dir, der du an meinem Grabe stehst: Größe ist nicht entscheidend. Der Bär, der ein Schaf schlägt, besitzt nicht die Größe der kleinen Biene, die es wagt, ihren Stachel in einen Gegner zu stoßen, der tausendfach größer ist als sie.

Ich weiß, wovon ich spreche: Ich habe Agetorix besiegt. Am Ende aber starb ich am Sumpffieber durch den Stich einer kleinen Mücke.

Ich will, dass du mit mir gehst

Sie war nicht mehr die Jüngste. Sie war auch nicht die Schönste. Das Leben hatte ihr viele Narben geschlagen. Aber sie war vital wie eine Wölfin, die sich in ihrem Rudel den Platz erkämpft hat, der ihr zusteht. Als kleines Mädchen hatte sie die Gänse gehütet, später die störrischen Ziegen und ihre jüngeren Geschwister und noch später die eigenen Kinder, hatte das Haus und den Gatten versorgt. Sie fühlte sich gut, gesund und stark. Sie hatte nur einen Fehler, einen nicht wiedergutzumachenden Fehler: Sie war eine Frau.

Beherrscht wurde die Welt von Männern. Ihnen gehörte alles, auch die Weiber. Sie zählten zum Besitz des Mannes wie die Waffe und das Pferd. Wenn ein Mann aus dem Leben schied, so wurden ihm Schwert, Ross und Weib mit ins Grab gelegt, wenn er es so wollte. Denn schließlich sollte er auch im Jenseits nichts entbehren müssen.

Nun war der Gatte erkrankt, schwer erkrankt. Von Fieberschauern geschüttelt, kämpfte er auf seinem Lager mit dem Tod. Die Ahnen erwarteten ihn. Er war bereit.

Aber sie war es noch lange nicht. Sie fühlte sich mit dem Leben verwurzelt wie ein Baum mit der Erde, noch bereit, zu blühen und Frucht zu tragen. Das Leben leuchtete ihr aus den Augen.

Jetzt hockte sie mit dem Bruder des Sterbenden am nächtlichen Krankenlager. Die Kienspäne waren fast heruntergebrannt. Bevor der Gatte sein Leben aushauchte, winkte er den Bruder herbei, um ihm mit schwacher Stimme seinen letzten Willen mitzuteilen. Obwohl der sein Ohr dicht an die Lippen des Todgeweihten legte, vernahm sie die Forderung: »Ich will, dass sie mit mir geht.«

Das war ihr Todesurteil.

Sie saßen sich schweigend gegenüber, den Toten zwischen sich. Sie fühlte sich wie ein Opfertier. Der Bruder würde sie töten. Der Stoff spannte sich über mächtige Oberarmmuskeln. Sie würde ihm nicht entkommen. Er war einer, der bekam, was er wollte. Ein einsamer Wolf. Seine Frau hatte er im Kindbett verloren.

Er betrachtete sie lange. Sie erwiderte seinen Blick. Endlich zog er seinen Dolch und griff nach ihr. Mit geschlossenen Augen wartete sie darauf, dass er zustieß. Stattdessen spürte sie, wie die Messerklinge ihr Kleid zerschnitt. Eine Hand legte sich auf ihre Brust, und eine heisere Männerstimme sagte dicht an ihrem Ohr: »Ich will, dass du mit mir gehst!«

Der Wolf und der Rabe

Wie alle Völker, die keine Schrift kennen, waren auch die Menschen der Bronzezeit große Erzähler. Im Dunkel der Nacht hockten sie um das offene Feuer und lauschten den Geschichten der Alten. Keiner aber kannte so viele Heldentaten, Jagdabenteuer und wundersame Ereignisse wie der alte Abraxas. An diesem Abend fragte er: »Weiß einer von euch, woher der Wolfsberg seinen Namen hat?«

Und als alle schwiegen, meinte er, mit beiden Händen seinen eisgrauen Vollbart kraulend. »Na, dann werde ich es euch verraten: Ein junger Jäger fand in dem Wald oberhalb der Höhenbefestigung einen Wolf, der in einer Falle beide Beine verloren hatte. Das gibt einen guten Pelz, sagte er sich und lief eilig davon, um Axt und Messer zu holen. Bei seiner Rückkehr sah er – ihr werdet es nicht glauben – einen Raben, der dem Wolf Reste seiner Beute brachte. Neugierig, wie das wohl weitergehen würde, schlich sich der junge Jäger nun jeden Tag herbei, und jeden Tag kam der Rabe und versorgte den Wolf mit Fleisch.

›Wie ist so etwas möglich?‹, fragte er den Priester.

›Die Güte der Götter ist allgegenwärtig und unerschöpflich‹, sagte der Priester. ›Sie sorgen dafür, dass dem Hilfsbedürftigen geholfen wird.‹

›Wenn das so ist‹, meinte der junge Jäger, ›so will auch ich mich nicht länger abmühen und wie ein hungriger Wolf dem Wild nachstellen.‹ Er legte sich auf eine Waldwiese und genoss das Nichtstun. Viele Tage lag er dort und wartete auf die Güte der Götter. Schon war er so schwach, dass er sich nicht mehr zu erheben vermochte, da vernahm er eine Stimme, die sprach: ›Elender, du hast die falsche Wahl getroffen. Dein Schicksal war nicht der Wolf, sondern der Rabe. Wie kann einer Hilfe erbitten, der stark genug ist, für sich und andere zu sorgen.‹

Am Ende kamen die Wölfe und fraßen ihn auf.

Und was können wir daraus lernen?

Hilf dir selbst, solange du kannst, dann helfen dir auch die Götter samt Odins Raben.«

So sprach der alte Abraxas, und in dem Wald oberhalb der Höhenbefestigung heulte ein Wolf, als wollte er seine Zustimmung bekunden.

Die Jagd und der Kampf

Sie hatten den Toten mit seinem besten Gewand bekleidet. Die blasse Hand lag auf dem Bronzeschwert. Sogar eine gebratene Rehkeule hatten sie ihm als Wegzehrung mit ins Grab gelegt. Dann hatten sie Feldsteine über ihn gehäuft und die Totenklage angestimmt.

»Wohin ist Vater gegangen?«, fragte der kleine Sohn die Mutter.

»Er ist heimgegangen zu den Ahnen, weit weg von uns.«

»Das kann nicht sehr weit sein«, meinte der Knabe. »Die Rehkeule reicht höchstens für zwei Tage. Ist es schön bei den Ahnen?«

»Sehr schön. Er sitzt in der Halle der Helden, denn keiner hat so mutig gekämpft wie er. Für einen Mann gibt es kein größeres Glück als die Jagd und den Kampf. Das waren seine Worte.«

»Dann wird er dort, wo er jetzt ist, nicht glücklich sein, denn wie kann er dort den Feind erschlagen, wo doch schon alle tot sind.«

»Ich glaube, dort wird nicht gekämpft.«

»Aber warum haben wir ihm dann sein Schwert mit ins Grab gelegt?«

»Ein Mann ohne Schwert ist wie ein Wolf ohne Zähne.«

Der Junge dachte eine Weile nach, dann sagte er: »Großvater war schon zahnlos, als er starb. Wird er auch in der anderen Welt ein Greis sein und am Stock gehen?«

»Nein, alle Toten sind im besten Mannesalter.«

»Auch meine Brüder?«

»Auch die.«

»Aber die sind doch schon als kleine Kinder gestorben. Wie können wir sie dann wiedererkennen, wenn sie groß sind und Bärte tragen? Und wenn sich alle im besten Mannesalter befinden, dann gibt es dort, wo Vater jetzt ist, nur Männer und Frauen. Eine Welt ohne Kinder – wie kann die schön sein?«

»Sie ist schön. Es gibt dort weder Alter noch Krankheit oder Tod. Die Felder tragen das ganze Jahr Früchte, und auch die Tiere leiden keine Not.«

»Du meinst, es gibt dort keinen Tod, nicht einmal für die Tiere?«

»Ja, so ist es mein Junge.«

»Hat Vater nicht gesagt: Es gibt kein größeres Glück als die Jagd. Wie kann er dann dort glücklich sein?«

Die Mutter schwieg. Der Junge hörte nicht auf zu fragen: »Ist es wahr Mutter, dass man die Hand, die einem Krieger im Kampf abgeschlagen wurde, mit ins Grab legen muss, damit ihm in der Ahnenhalle nichts fehlt?«

»Ja, so ist es.«

»Was aber ist dann mit den Totenschädeln, die die Giebel unserer Häuser schmücken? Müssen unsere besiegten Feinde in der anderen Welt ohne Kopf umherlaufen?«

Die Mutter legte dem Kind die Hand auf den Scheitel. »Der Tod ist etwas, das wir Menschen niemals verstehen werden.«

Wir geben ihr recht.

Die Prophezeiung

Ein Schatten schob sich vor das Himmelslicht. Fafner, der Werwolf und Herr der Finsternis, schickte sich an, die Sonne zu verschlingen. Die Frauen hatten sich mit den Kindern in die Blockhütten verkrochen. Die Männer erhoben drohend ihre Streitäxte gen Himmel, hämmerten gegen die Lederschilde, stießen Schreie aus, so wie sie es bei der Jagd taten, wenn sie die Wildpferde mit brennenden Fackeln zur Schlucht trieben, wo sich dann die Tiere vor Angst in den Tod stürzten. Keramikgefäße wurden zerschlagen, um die Wölfe der eisigen Finsternis zu vertreiben. Ein Hahn wurde geopfert. Nichts half.

Als das Himmelslicht erlosch, warfen sich die Menschen zu Tode erschrocken auf die Erde. Dunkelheit legte sich über das Tal. Doch dann, wie durch ein Wunder, würgte der Wolf der Finsternis die Sonnenscheibe wieder hervor.

Langsam, viel zu langsam entquoll sie seinem Rachen, wurde heller und heller. Die Menschen tanzten vor Freude. Die Große Mutter hatte sie vor der Götterdämmerung bewahrt. Keiner der Lebenden hatte je dergleichen erlebt.

Was hatte das zu bedeuten?

Die Seherin musste befragt werden. Die Alte wohnte außerhalb der Siedlung in einem Erdloch. Sie war krüppelwüchsig wie eine Baumwurzel und zahnlos wie ein Wurm. Das verfilzte Haar fiel ihr bis in die erblindeten Augen. Ein Amulett aus Schlangenhaut wand sich um ihren faltigen Hals. Alle fürchteten sich vor ihr, denn sie war von Dämonen besessen, verfiel von Zeit zu Zeit in wilde Krämpfe, wälzte sich auf dem Boden und schrie, als sei ihr das Feuer in den Leib gefahren.

Jetzt wurde sie zur Schädelstätte geführt und mit heiligem Öl aus Stechapfel, Bilsenkraut und Igelblut gesalbt. Die Frauen stimmten den Gesang der Wassergeister an, bis die Seherin die Stimme erhob. Sie starrte mit hoch erhobenen Händen in den Mond und krächzte: »Ich sehe... ich sehe...«

»Was siehst du?«, fragte der Stammesälteste.

»Hütten aus Stein so hoch wie Berge. Es ist Nacht, und alle Fenster – es sind unzählige – sind voll von Licht. Auf Wegen so breit wie die Donau bewegen sich Käfer, größer als Auerochsen. Ihre Augen leuchten hell und rund wie der Vollmond. Und über den Himmel fliegen silberne Vögel mit so lautem Gebrumm wie tausend Bienenvölker. Sie brausen dahin, ohne die Flügel zu bewegen. Menschen kauern in ihren Leibern, als wären sie lebendigen Leibes verschluckt worden.«

»Oh, Große Mutter, steh uns bei!«, riefen die Umstehenden erschrocken. »Wir gehen entsetzlichen Zeiten entgegen.«

Klimawandel

Sie hockten beim Eingang der Höhle, dicht aneinandergedrängt wie frierende Fledermäuse. Schlimmer als die Kälte war der Hunger. Seit Tagen hatten sie kein Wild mehr erlegt. Selbst Gaja, die Älteste der Rotte, vermochte sich nicht zu erinnern, dass es jemals so endlos lange geregnet hätte. Der Jahreskreis war in Unordnung geraten. Die Sonne hatte sich hinter tief hängenden Wolken verkrochen, und die Flussauen, auf denen sonst Wildpferde in großer Zahl weideten, waren so öde und leer wie die Bäume, die ihr Laub viel zu früh abgeworfen hatten. Selbst die Raben waren davongeflogen. Die Säuglinge starben, weil die Mütter keine Milch mehr in den Brüsten hatten. Würmer, Wurzeln und Baumrinde waren karge Kost. Die Hunde winselten vergeblich nach einem Brocken fleischlicher Kost.

»Wir sollten sie schlachten«, sagten die Jäger, als sie wieder ohne Wild heimkehrten.

»Hunde sind die Blutsbrüder der Wölfe«, warnte die alte Gaja. »Und die sind den Göttern heilig.«

Am Ende aber hatten die abgemagerten Wolfshunde ihr Leben lassen müssen.

Nachdem die Höhlenbewohner die letzten Reste des zähen Hundefleisches von den Knochen genagt hatten, sagte einer der jungen Jäger: »Unsere Väter haben sich junge Wölfe in die Höhle geholt. Die Welpen wurden zahm und haben als Hunde mit uns gelebt. Warum geht das nur mit Wölfen? Ich meine, warum fangen wir uns nicht ein Kitz, ein Ferkel oder ein Fohlen und ziehen sie bei uns auf, bis sie groß sind. Dann müssten wir jetzt nicht unsere Hunde verzehren.«

»Das ist das Dümmste, das ich je gehört habe«, sagte der Anführer der Horde. »Er will Pferde wie Hunde halten. Warum nicht gleich Auerochsen?«

»Ja, warum nicht?«, meinte der junge Jäger. »Da ist mehr Fleisch daran als an einem Wolf.«

»Selbst wenn es dir gelingt, ein Ferkel oder Fohlen zu fangen, sie würden dir davonlaufen.«

»Sind uns die jungen Wölfe davongelaufen? Wir haben sie mit Futter versorgt, und sie haben sich an uns gewöhnt.«

»Pferde sind keine Hunde. Sie sind scheu wie alles Wild.«

»Dann legen wir sie an die Leine oder halten sie hinter Gattern. Vielleicht paaren sie sich sogar wie die Hunde und bekommen Junge. Dann bräuchten wir nicht mehr vergeblich zu jagen. Das Wild wird immer weniger. Die Welt verändert sich. Vielleicht müssen auch wir uns verändern.«

»Der Hunger hat ihm den Verstand geraubt«, sagten die Männer und schüttelten ihre langmähnigen Köpfe.

Am anderen Morgen erzählte die alte Gaja, sie habe im Traum auf dem Rücken eines Pferdes gesessen, das mit ihr friedlich über die Wiesen getrabt sei.

Sie wurde ausgelacht. Aber eine neue Idee ward geboren.

Vor dem Keltentor

»Halt!«, ruft die Wache am großen Tor. »Wer seid ihr?«

»Händler aus dem Land der Skythen.«

»Fremden ist der Zugang nicht gestattet. Was wollt ihr?«

»Diesen Stoff, der härter ist als alle anderen Metalle.«

»Eisen?«

»Ja, so heißt er wohl. Eine Axt aus Eisen fällt jeden Baum und dringt durch jeden Helm, so hat man uns berichtet. Wir sind die Donau heraufgezogen, um Eisen zu erwerben.«

»Und was habt ihr im Tausch dafür zu bieten?«, fragt die Torwache.

»Felle, Bernstein und Silber.«

»Das klingt gut. Habt ihr auch Sklaven?«

»Skythen handeln nicht mit Sklaven.«

»Wir werden dem Herrn der Herren eure Ankunft melden. Ihr wartet hier.«

Ein junger Wächter eilt davon, während die mit Marderpelz und Rossleder bekleideten Skythen das mächtige Tor bestaunen. »Was für eine Festung!«

»Die äußere Mauer erstreckt sich über eine Länge von dreitausend Doppelschritten«, erklärt der Wächter. »Sie besteht aus achttausend Baumstämmen. Unzählige Ochsenkarren voller Kalkstein und Erde mussten herbeigeschafft werden. Viele hundert Männer haben viele hundert Tage daran gearbeitet.«

Der Anführer der Skythen, ein Riese mit silbergrauem

Bart fragt: »Seid ihr Kelten so furchtsam, dass ihr euch hinter solch mächtigen Mauern verkriecht?«

»Hüte deine Zunge«, fährt ihn der Wächter an. »Mit diesen Mauern schützen wir nicht uns, sondern den Schatz, der in diesem Berg hier lagert, dessen Erz wir zu Eisen schmelzen.«

»Wenn ihr alle Welt mit Eisen beliefert«, meint der alte Skythe, »wird es wohl bald keine Kämpfe mehr geben, denn wer will gegen einen Feind antreten, der eine Waffe besitzt, die jeden Helm und jeden Schild durchschlägt wie Büffelbutter? Das wäre das Ende aller Kämpfe.«

»Welch schrecklicher Gedanke«, sagt der Torwächter. »In einer Welt ohne Kriege bräuchte keiner mehr unser Eisen, und ohne Krieg könnten wir keine Gefangenen mehr machen, deren Arbeitskraft wir dringend benötigen, um das Erz aus der Erde zu holen. Eine Sklavenarbeit, die kein Freier machen will.«

Der Skythe streicht sich über den Bart und meint kopfschüttelnd: »Ohne Eisen kein Krieg. Ohne Krieg kein Eisen – eine Schlange, die sich selber in den Schwanz beißt. Die Welt wird noch viel Ärger mit diesem schrecklichen Metall bekommen.«

Webstuhlzauber

So wie die Männer für ihre Arbeit eigene Bereiche brauchten, wo das Erz geschmolzen und Eisen geschmiedet wurde, so hatten auch die Frauen ihr Weberhaus. Der Raum war lang und schmal. Die Webstühle standen hintereinander aufgereiht wie die Ruderbänke in einem Boot. Im Gegensatz zu den verheirateten Frauen, deren Aufgabe es war, sich um Haus, Vieh und Kinder zu kümmern, waren die Weberinnen jung und ledig. Sie unterstanden dem Schutz der Nornen, die am Schicksalsteppich der Menschen weben.

Eine von ihnen war Kuschalka, ein Mädchen, hoch aufgeschossen und hellhäutig wie eine junge Birke, mit funkelnden Wolfsaugen unter ungebändigter Mähne, wild und verlockend. Kein Mann, der sie nicht begehrt hätte. Sie aber wollte als heilige Jungfrau den Nornen dienen. Wäre sie ein Mann gewesen, so wäre sie ein Druide geworden. Sie verfügte über mondische Kräfte, sprach mit den Vögeln und den Fischen, mit den Ahnen und den Göttern, mit Macha, dem Dreigesichtigen, und mit Dagda, der in Gestalt eines schlüpfrigen Aales den Hirschgehörnten besiegt hatte, am liebsten jedoch mit Taran, dem Donnergott.

Nean, der Schmied, stellte ihr nach, wollte sie zum Weib. Sie aber hatte ihn abgewiesen. Am Abend kam er zum Weberhaus. Die anderen Frauen waren schon gegangen. »Ich will dich.«

»Rühr mich nicht an! Ich kratze dir die Augen aus.«

Er griff in ihr hüftlanges Haar und warf sie mit einem Ruck zu Boden, so wie es die Hirten im Tal machten, wenn sie die Schafe scherten. Kuschalka schrie und biss um sich wie eine Wildkatze. Es half ihr nicht. Er hatte ihr Gewalt angetan. Wer aber würde ihr glauben?

Der Schmied war ein stolzer Mann mit einer mächtigen Sippe. Er würde wiederkommen, um sie zu demütigen.

Zehn Nächte lang hatte Kuschalka mit heiligem Eifer an dem Tuch gewebt. Das Werk war fast vollendet. Es zeigte Taran, den Blitze schleudernden Gott des Donners. Deutlich hob er sich von dem hellen Stoff ab.

Schwarze Wolken hingen am Himmel. Kuschalka wartete. Sie wusste, der Schmied würde wiederkommen. Er begehrte sie. Sie hatte ihn ins Webhaus bestellt. Die Schmach, die er ihr angetan hatte, musste gerächt werden.

Taran würde ihr helfen, Taran und die Nornen. Sie würden den Frevler verbrennen. Schließlich war sie eine der Ihren. In der Ferne zuckten die ersten Blitze.

Brennen soll der Hund! Was zählte es da schon, wenn auch sie mit ihm ihr Leben verlor.

Das Mammut-Experiment

Während meines Aufenthaltes in Johannesburg erzählten mir englische Freunde, dass in ihrem Haus eine alte Jüdin gestorben sei. In dem Nachlass befänden sich einige hundert Bücher, die niemand zu lesen vermag. Sie seien in allen möglichen Sprachen verfasst. Falls ich Interesse hätte, sei ich eingeladen, mich zu bedienen, da die Wohnung anderntags geräumt werden sollte und die Bücher zur Müllkippe gebracht würden.

Natürlich ließ ich mir das nicht zweimal sagen und machte mich noch am selben Tag auf den Weg. Ich fand eine stattliche Bibliothek von erlesener Auswahl. Die Franzosen waren in der Mehrzahl. Der Bogen der deutschsprachigen Autoren reichte von Lessing bis Conrad Ferdinand Meyer. Die letzten fünfzig Jahre fehlten, so als wäre der Hüter dieses Schatzes bereits vor einem halben Jahrhundert verstorben. Ein großer Teil der Bände waren medizinische Fachbücher. Der Besitzer war ohne Zweifel Arzt gewesen, wie ich später erfuhr, ein Professor Hermann Heydenreich, der die letzten Jahre seines Lebens in Wien verbracht hatte. Er starb, wie es im Vorwort eines von ihm verfassten Buches hieß, 1919 im besten Mannesalter und hinterließ eine Tochter, die nach Amerika emigrierte, dort heiratete und auf verschlungenen Lebenspfaden nach Johannesburg gelangte, um hier zu sterben. Meine englischen Freunde erzählten mir, dass die alte Dame weder Deutsch noch Französisch gesprochen habe. Die Bibliothek besaß für sie vermutlich nur nostalgischen Erinnerungswert.

Beim Stöbern in diesem Dornröschen-Schatz stieß ich auf ein handgeschriebenes Oktavheft. Es war der Bericht eines missglückten Experimentes, das Professor Heydenreich als junger Gelehrter gewagt hatte und das ich Ihnen hiermit stark gekürzt wiedergeben möchte, gekürzt, weil die Abhandlung mehr als einhundert Seiten umfasst und weil ein großer Teil aus wissenschaftlichen Texten und Tabellen besteht, deren Bedeutung nur ein Fachmann zu entziffern vermag. Zudem sind sie unwichtig, denn sie sind nichts weiter als Kulisse für ein menschliches Drama von faustischer Dimension. Aber was rede ich, überzeugen Sie sich selbst:

Ich verehre und bewundere die Physik, aber ich liebe die Medizin, die lebendigste aller Wissenschaften. Schon früh begann ich die Medizin mit den Maßstäben der Physik zu messen. Vor allem die Zelle als kleinste Einheit des Lebens hatte es mir angetan. Wie das Atom, so hat auch die Keimzelle einen Kern, und auch hier gelten unvorstellbar kleine, kraftvolle Maßstäbe. Die Erbfaktoren aller lebenden Menschen haben Platz in einem Stecknadelkopf, aber welch unvorstellbare Kräfte wirken im Kern einer Keimzelle.

Ich widmete mein Leben der Zelle. Mit vierundzwanzig Jahren war ich der jüngste Assistent bei Professor Weismann, der damals gerade mit der Erforschung der später nach ihm benannten Keimbahn beschäftigt war.

Hierbei faszinierte mich vor allem die Vorstellung von der Unsterblichkeit. Während alle anderen Körperzellen vergänglich sind, ist das Erbgut der Keimzelle unsterblich. Es wandert von den Eltern zum Kind in unendlicher Generationsfolge und erlischt nur, wenn ein Menschengeschlecht oder eine Tierart ohne Nachwuchs ausstirbt.

Unsterblich sind zwar nicht die Keimzellen, wohl aber jene doppelsträngigen Gebilde in den Zellkernen, die das Erbgut als genetische Information beherbergen und weitergeben. Diese Doppelstränge werden im Gegensatz zu anderen Körperzellen niemals neu gebildet. Sie nehmen im Körper eine Sonderstellung ein. Ohne Unterbrechung geben sie jene Bauanweisungen weiter, nach welchen der Organismus formgerecht und mit allen vererbbaren Eigenschaften aufgebaut wird.

Weismann verglich sie mit Schallplatten, die die lebendige Stimme eines Sängers über dessen Tod hinaus bewahren, selber aber nicht leben.

(Auf mehreren Seiten folgen Texte und Tabellen, die den damaligen Stand der Forschung auf diesem Gebiet belegen.)

Während eines Spazierganges äußerte Professor Weismann einen Gedanken, der mich nicht mehr losließ. Er vertrat den Standpunkt, dass es möglich sein müsste, die Keimbahn eines ausgestorbenen Lebewesens zu erneuern. Die Zeitungen berichteten zu der Zeit gerade von dem Fund eines Mammuts, das man am Kirgilliakh-Fluss in Sibirien ausgegraben hatte. Das vor vierzigtausend Jahren gestorbene Jungtier war in dem Dauerfrostboden fast unversehrt erhalten geblieben. Das Fleisch war noch so frisch, dass seine Entdecker es an ihre Hunde verfütterten.

Weismann sagte, bei so hervorragend konserviertem Gewebe müsste es möglich sein, den Zellkern aus einer Keimzelle herauszutrennen, in die entkernte Keimzelle eines lebenden Elefanten zu transplantieren und diese befruchtete Eizelle in die Gebärmutter einer Elefantenkuh einzuführen und ausreifen zu lassen. Dabei würde das Erbgut des Mammuts im lebendigen Protein der Eizelle von der Elefantenmutter ein Mammut heranbilden. Man könnte auf diese Weise Geschöpfe zum Leben erwecken, die bereits vor Jahrtausenden ausgestorben sind.

Hinderlich sei, dass so gut erhaltene Mammutfunde nur in Sibirien gemacht würden und dass das tiefgefrorene Gewebe den weiten Transport nicht überleben würde, zumal die Entdecker meist Laien seien.

Bereits damals kam mir der Gedanke, der eigentlich der nächstliegende war, den ich jedoch nicht zu äußern wagte: Warum nehmen wir keine Menschen? Als Student hatte ich im Salzkammergut den Leichnam eines Bergmanns gesehen, der vor über zweitausend Jahren in einem Salzstollen verschüttet worden war. Das geschmolzene Steinsalz umgab den Mann wie ein gläserner Sarg. Er sah aus, als wäre er erst gestern gestorben. Die Salzlauge hatte alle Poren verschlossen und die bakteriell bedingte Zersetzung aller organischer Weichteile verhindert.

Ein noch wirkungsvolleres Konservierungsmittel ist die Huminsäure der Torfmoore. Allein in den Museen Dänemarks gibt es über hundert hervorragend erhaltene

Menschenfunde. Ich hatte einen Mann aus dem Tollund-Moor bei Silkeburg gesehen, der zweitausendfünfhundert Jahre im Moor gelegen hatte.

(Es folgte eine vom Verfasser sehr detailliert ausgeführte Untersuchung mit eintausendfünfhundert Jahre altem Samen von Chenopodium album, Gemeinem Gänsefuß, die sich im Torfmoor so gut erhalten hatten, dass sie sich sogar noch als keimfähig erwiesen.)

Ein paar Jahre später – inzwischen war ich selber Inhaber eines Lehrstuhls – bot sich mir die seltene Gelegenheit, eine ägyptische Mumie zu öffnen und zu examinieren. Ein mir befreundeter Archäologe bat mich um meine Mitarbeit bei der Sektion an einer Mumie aus der Zeit der Ramsiden. Ich sollte dabei die Verfassung des Zellgewebes begutachten.

Obwohl man den Toten in einem schmucklosen Granitsarg gefunden hatte, gab es Stimmen unter den Archäologen, die behaupteten, es handele sich um die Mumie Ramses' des Zweiten oder des Dritten, die die Priester zum Schutz vor Grabräubern umgebettet hätten.

Bandagiert wie ein Unfallopfer, lag die Mumie auf dem Seziertisch. Schicht für Schicht der harzigen Gaze wurde abgetragen. Als der Tote endlich vor uns lag, wagte niemand zu sprechen. Hoheit umgab den Mann. Stolz und Willenskraft beherrschten seine Gesichtszüge. Welch ein Kopf!

War jener Tote Ramses der Zweite, der die Schlacht bei Kadesch geschlagen hatte? Oder war es Ramses der Dritte, der die Libyer und die Philister besiegt hatte? Elf Gottkönige dieses Geschlechts hatten der Welt ihren

Stempel aufgedrückt. Sie waren gewaltige Herren. Unter ihnen wurden die prächtigsten Tempel am Nil errichtet. In Theben, Luxor und Medinet stehen sie noch heute. Große Feldherren und Baumeister waren die Herrscher aus dem Geschlecht der Ramsiden. Auf ihren Baudenkmälern steht in Stein gehauen:

Wir haben die Welt verändert.

Der Tote befand sich in erstaunlich guter Verfassung. Er wurde geröntgt und vermessen. Ich entnahm ihm einige Gewebeschnitte, Körper- und Keimzellen, die ich untersuchte und sorgfältig aufbewahrte.

(Untersuchungsmethode und Aufbewahrungstechnik werden ausführlich beschrieben.)

Herr Dr. Brand, ein sehr tüchtiger Landarzt aus Spittal, schickte mir im selben Monat eine Frau Klara H., verheiratet mit Aloys H., einem Zollamtsoffizial. Sie hatte in den Jahren 1885, '86 und '87 zwei Buben und ein Mädchen geboren, die alle kurz nach der Geburt starben. Dr. Brand war der Meinung, dass der Vater so erbgeschädigt sei, dass keine lebensfähigen Kinder zu erwarten seien Da die Frau jedoch unbedingt ein Kind wollte, kam sie zu mir. Sie war siebenundzwanzig Jahre alt und von bester bäuerlicher Gesundheit. Als sie mir gegenübersaß und mich anflehte, ihr zu helfen, wusste ich, dass ich mit ihr mein Experiment wagen würde. Meine Erklärung über die künstliche Befruchtung eines Eies aus ihren Ovarien, wozu allerdings ein kleiner operativer Eingriff nötig sei, schien sie zu überhören. Sie stellte keine Fragen. Sie sprach nur ein Wort: »Wann?«

(Es folgen fünfundzwanzig Seiten mit der Beschreibung des Kernaustausches. Obwohl ich nicht viel von diesen Dingen verstehe, schien es mir zunächst unglaublich, dass jemand im vorigen Jahrhundert ein Verfahren praktiziert haben will, das erst in jüngster Zeit mit hohem technischem Aufwand entwickelt worden ist. Man muss sich aber vielleicht vor Augen halten, unter welch primitiven Bedingungen es Otto von Hahn gelang, die erste Atomspaltung herbeizuführen: ein Holztisch, ein paar Batterien, ein paar Drähte und ein selbst gebastelter Geigerzähler. Das Röhrchen mit dem strahlenden Uran steckte in einem Paraffinblock. Simpler geht es kaum, und doch begann auf diesem Holztisch ein neues Zeitalter.)

In der Nacht vor Ostern im April 1889 schenkte Frau Klara H. einem schwächlichen, dunkelhaarigen Knaben das Leben. Ich untersuchte das Kind. Es war gesund und lebensfähig. Meine Begeisterung kannte keine Grenzen. Alles sprach dafür, dass ich eine vor dreitausend Jahren erloschene Keimbahn zu neuem Leben erweckt hatte. Ich sah bereits Mammuts im Zoo von Wien, vielleicht sogar Saurier. Schließlich setzte ich mich hin und schrieb an meinen alten Lehrer und Freund.

Weismann war der Einzige, der die Bedeutung meines Experimentes in vollem Umfang zu erkennen vermochte. Statt einer Antwort kam er persönlich. Er war so erregt, wie ich ihn noch nie erlebt hatte. Schon am Bahnhof fuhr er mich an: »Ja, sind Sie denn von allen guten Geistern verlassen?«

Meine wissenschaftlichen Erklärungen wischte er beiseite. Er weigerte sich, auch nur einen Blick auf meine

Mitschrift zum Experiment zu werfen. »Wo kämen wir denn hin, wenn wir alles Machbare in die Tat umsetzen würden! Stellen Sie sich vor, die Physiker würden aus der ungeheuren Energie des Atoms eine Waffe schmieden. Das wird sicher eines Tages machbar sein, aber niemand wird so vermessen sein, es zu tun. Was glauben Sie eigentlich, wer Sie sind, Frankenstein oder Gott? Sie können von Glück sagen, dass Ihr Homunculus-Experiment in die Hosen gegangen ist.«

Er überhörte meinen Einspruch. »Natürlich ist es in die Hosen gegangen. Wenn es Ihnen gelungen wäre, die genetischen Informationen dieser Mumie in die lebende Eizelle einzupflanzen, so hätten Sie ein Monster gezeugt, eine Missgeburt mit zwei Köpfen oder einen Idioten. Die DNS-Moleküle einer Mumie sind so denaturiert, dass sie nicht mehr in der Lage sind, die Frühontogenese eines entsprechenden Keimes zu induzieren und zu steuern.«

Ich erinnerte ihn an seinen eigenen oft zitierten Vergleich mit der Schallplatte, die, obwohl selber tot, Lebendiges bewahrt.

Er erwiderte: »Dreitausend Jahre alte Chromosomen, das sind Schallplatten voller Kratzer, Sprünge und Löcher. Wer diese Platte in Bewegung setzt, um Harmonien zu hören, ist ein gottverdammter Narr. Wenn ich Ihnen einen Rat geben darf, dann vergessen Sie das Ganze. Sie werden sich mit diesen Alchimistenkunststücken unsterblich lächerlich machen.«

»Und das Kind?«, fragte ich, meinen letzten Trumpf ausspielend.

Er sagte: »Die Frau hat bereits drei Kinder von ihrem

Mann empfangen. Das ist das vierte. Wenn es stirbt, bestätigt es die Annahme ihres Hausarztes; überlebt es, so beweist das nichts weiter, als dass der Arzt sich geirrt hat.«

Weismann brachte mich auf den Boden der Realität zurück. Er überzeugte mich, dass ich einer falschen Hoffnung erlegen sei, einer fixen Idee, wie er es nannte. Und dennoch ließ mich der Gedanke nicht los, dass ... Mein Gott, welch ein Gedanke!

Allein die Vorstellung, dass der Sohn Ramses' des Großen leibhaftig unter uns leben könnte!

(Hier endet der Bericht. Am Schluss des Heftes fand ich einen Vermerk, den der Verfasser Jahre später hinzugefügt hatte:)

Wien, Mai 1918

Von Natur aus neugierig, habe ich Nachforschungen anstellen lassen, was aus meinem kleinen Pharao geworden ist. Er ist jetzt fast dreißig Jahre alt, auf der Höhe seiner Schaffenskraft.

Wenn er wirklich vom Blut der Ramsiden sein sollte, so müsste doch wenigstens etwas von dem ungeheuren Machtwillen dieses alten Herrschergeschlechtes in ihm vorhanden sein.

Von 1909 bis 1913 lebte er hier in Wien in einem Obdachlosenasyl und in einem Männerheim in der Meldemannstraße. Er verdiente sich sein Geld als Hilfsarbeiter und Postkartenmaler. Zurzeit liegt er an der Westfront – als Gefreiter!

Weismann hat recht. Mein Experiment war ein Reinfall.

Sex findet im Kopf statt

Wenn wir unserer großen Toten gedenken, so bilden wir sie meistens alt und weise, am Ende ihres Erdenlebens ab. Darwin, Einstein, Freud sind dann grundsätzlich alte Herren. Dabei war Darwin gerade mal dreißig, als er seine Abstammungstheorie entwickelte. Einstein war fast noch ein Twen, als er mit seiner Relativitätstheorie die Physik aus den Angeln hob. Und Sigmund Freud war auch einmal jung, sehr jung sogar, als er im Sommer 1866 mit seiner noch jüngeren Gattin die Riviera besuchte. Vier Jahre hatte er auf sie gewartet, nachdem er sie sechsundzwanzigjährig kennengelernt hatte. Am liebsten hätte er sie sofort zum Weib genommen, aber sein spärlicher Verdienst reichte, wie er es nannte »zur Gründung eines eigenen Hausstandes nicht aus«.

Hunderte von Liebesbriefen hatten sie sich geschrieben:

Wehe dir, meine Prinzessin, wenn ich komme! Ich will dich küssen, bis du rot wirst. Und wenn du aufmuckst, dann wirst du sehen, wer hier der Stärkere ist, ein sanftes kleines Mädchen, das nicht genug isst, oder ein großer, wilder Mann mit Kokain im Leib.

Kokain darf man natürlich nicht wörtlich nehmen. Kokain war zu der Zeit ein Modewort, so wie man heute sagt: Das ist ja geil.

In Wirklichkeit war es mit dem Kokain im Leib nicht allzu weit her. Denn Freud, der mit der Erforschung der sexuellen Geheimnisse seiner Patienten Karriere machte, war auf erotischem Feld eher ein Verklemmter als ein Eingeweihter. Auf den Abbildungen aus jener Zeit wirkt er recht unmännlich. Er ist zwar groß, aber von schwächlicher Statur. Das lange volle Haar verleiht dem Gesicht weiche Züge. Daran vermag auch der Bart nichts zu ändern, der die Kinnpartie verhüllt.

Martha dagegen war eine auffallend hübsche junge Frau, vollbusig, mit feurigen Augen und sinnlich geschwungenen Lippen. Ein recht gegensätzliches Paar, das uns da auf vergilbtem Fotopapier entgegenschaut.

Aber dergleichen Unterschiede interessieren Professor Freud nicht. Als Begründer der Psychoanalyse vertritt er den Standpunkt: Sex findet im Kopf statt.

Weder das äußere Erscheinungsbild eines Menschen noch die Beschaffenheit seiner Geschlechtsorgane oder die Akrobatik des Aktes verursachen unsere Orgasmen, sondern die Phantasie.

Er verstieg sich sogar zu der Behauptung: Wenn zwei Menschen miteinander schlafen, dann sind mindestens vier Personen anwesend: die zwei, die tatsächlich im Bett liegen, und die zwei, an die sie dabei denken.

Das junge Paar war im Sommer 1886 mit der Eisenbahn angereist und hatte, obwohl das eigentlich seine finanziellen Verhältnisse überstieg, im besten Hotel am Ort Logis genommen. Es regnete, als die Hotelleitung sie im Einspänner vom Bahnhof abholen ließ.

Den darauffolgenden Tag verbrachten die Freuds

vormittags und nachmittags jeweils zwei Stunden am Strand unter einem Sonnenschirm in Liegestühlen. Der Professor hatte sich seiner Leinenjacke entledigt. Durch die kleinen Gläser seiner Nickelbrille erfreute er sich an dem Liebreiz seiner jungen Frau. Barfuß, mit wehendem Haar lief sie lachend durch die schäumenden Wellen, die den Sandstrand überspülten. Dabei hielt sie ihr weißes langes Kleid mit beiden Händen hoch aufgerafft, so hoch, dass ihre Knie und die blassen Schenkel darüber lockend hervorlugten.

Es entzieht sich unserer Kenntnis, ob diese Entblößung Freuds Verständnis über die Enthüllung des Unbewussten vertiefte. Aber es wird wohl so gewesen sein. Beruht die Psychoanalyse nicht auf der Annahme, dass unser Unterbewusstsein vor allem von sexuellen Gelüsten geprägt wird?

Der Penis hängt nicht am Knaben; der Knabe hängt am Penis, so lautet eines der Freud'schen Axiome.

Am dritten Tag ihres Aufenthaltes beim Tee auf der Terrasse machte Sigmund den Vorschlag, einen Studienfreund zu besuchen, der ganz in der Nähe wohnte.

Ihr müsst mich unbedingt besuchen, hatte er am Telefon gesagt, und Sigmund hatte es ihm versprochen.

Die Villa, verziert mit Stuckelementen und Säulen, lag unter hohen Palmen. Im Vorgarten blühte Oleander. Felix Austria stand auf dem steinernen Wappen mit Engel am Portal. Der Ausblick von der Terrasse auf das Meer war atemberaubend. Die Begrüßung war herzlich.

»Meine Festung«, sagte Victor von Bülow. »Gefällt es euch?«

»Ja, sehr.«

»Warum kündigt ihr nicht euer Hotelzimmer und zieht zu mir?

Der Service ist nicht so gut wie im Esplanade, aber alles andere ist besser, von der Aussicht bis zum Weinkeller.«

»Wir werden es uns überlegen«, meinte Sigmund. Martha wollte widersprechen, aber die Männer ließen sie nicht zu Wort kommen.

So hatte der Abend begonnen. Es sollte eine Nacht werden, die alle Beteiligten nie vergessen würden.

Sie hatten es sich in breiten Korbsesseln bequem gemacht. Die Männer rauchten lange russische Zigaretten. Der Wein war hervorragend. Er floss reichlich und leicht dahin wie die Gespräche, Erinnerungen an gemeinsame Erlebnisse, an Professoren, Vorlesungen und Experimente.

»Weißt du noch, wie mir bei unserem Studium über die Geschlechtsdrüsen der Aale einer von diesen glitschig nassen Burschen in die Hose geschlüpft ist, oben hinein und unten wieder heraus. Mann, war das ein Gefühl!«

Vic, wie Sigmund ihn nannte, lachte, dass ihm die Tränen über die Wangen liefen. Dabei schlug er sich auf die Oberschenkel und entblößte die Zähne, als wollte er zubeißen. Martha beobachtete die beiden Männer und dachte: Welch ein ungleiches Freundespaar. Obwohl beide gleich groß waren, wirkte ihr Schlomo neben seinem Freund fast mädchenhaft feingliedrig. Daran vermochte auch der Bart nichts zu ändern.

Vic von Bülow war rasiert, aber sein kräftiges Kinn, rau von Bartstoppeln, verlieh ihm einen Anflug von Brutalität, die durch seinen kahl geschorenen Kopf noch gesteigert wurde. Der braun gebrannte Schädel, rund und glatt, erinnerte Martha an den neuseeländischen Phallus-Fetisch, den ihr Mann in seiner Wiener Praxis aufgestellt hatte.

Auch jetzt drehten sich ihre Gespräche um Penisneid, Prävalenz des Phallus und Triebentwicklung. Dabei verwendeten sie immer wieder das Wort *wissenschaftlich*. Sie benutzten es wie eine magische Beschwörungsformel, so als wollten sie sich Mut machen vor dem unzuverlässigen Kontinent der Seele.

»Liebe ist im Grunde genommen eine chemische Reaktion«, sagte Sigmund.

»Aber es bereitet lustvolles Vergnügen, nach der chemischen Formel zu suchen«, erwiderte Vic und füllte ihre Weingläser nach.

»Du bist und bleibst der alte Lüstling.« Sigmund schmunzelte.

»Ist Sex nicht die natürlichste Sache der Welt?«

»Und warum haben wir damit so viel Probleme?«, wollte Martha wissen. »Warum leiden so viele Menschen unter Neurosen auf diesem Gebiet?«

Im Laufe des Gesprächs vertrat Sigmund den Standpunkt, der Liebesakt sei für den Mann Masturbation in der Vagina der Frau. Vic widersprach, die Lust gehöre den Frauen. Sigmund erklärte: »Fest steht, Frauen beklagen sich öfter über Sex als Männer. Ihre Beschwerden lassen sich in zwei Kategorien einteilen: nicht genug und zu viel.«

Vic betrachtete Martha, als wollte er herausfinden, ob sie zur ersten oder zur zweiten Kategorie gehörte.

Etliche Weingläser später sinnierte Sigmund: »Trotz langjähriger Erforschung der weiblichen Seele habe ich keine Antwort auf die Fragen gefunden: Was will eine Frau? Was erwartet sie vom Mann? Will sie umworben werden, oder will sie ganz einfach nur genommen werden so wie alle Weibchen der Schöpfung, kraftvoll, ohne all den verlogenen moralischen Firlefanz der Zivilisation?«

»Warum fragen wir sie nicht?«, schlug Vic vor und wies mit einer weit ausholenden Handbewegung auf Martha.

Freud widersprach: »Eine der wichtigsten Grunderkenntnisse meiner Psychoanalyse lautet: Niemand kann sich selbst therapieren.«

»Und wenn wir sie dennoch fragen?«

»So würde ich die Antwort verweigern«, sagte Martha. »Wer sich enthüllt, hat nichts mehr zu verbergen.« Sie erhob sich. »Mitternacht ist längst vorüber. Ich bin müde.«

»Ihr wollt doch nicht etwa schon gehen«, protestierte der Hausherr, und auch Sigmund zeigte keine Bereitschaft, die Unterhaltung abzubrechen.

»Schlaft doch bei mir«, schlug Vic vor. »Die Straßen hier sind ohne Beleuchtung, und wir haben alle mehr getrunken, als uns guttut.«

Sigmund stimmte freudig zu. Martha wurde nicht gefragt. Sie erhielt ein Gästezimmer mit eigener Terrasse und einem breiten eisernen Bett.

»Du bekommst das Nebenzimmer«, erklärte Vic seinem Freund. »Dann weckst du sie nicht auf, wenn du später schlafen gehst.«

Durch die geöffnete Terrassentür hörte Martha die Männer miteinander sprechen: Vics Bassstimme neben der hellen Stimme Sigmunds. Welch ein merkwürdiges Freundespaar, dachte sie, aber da war sie schon fast eingeschlafen.

Sie träumte, sie lief barfuß über den Strand, durch die Brandungswellen. Die Gischt bespritzte ihre Beine bis zu den Schenkeln hinauf. Ihr Rock. Sie wollte ihn greifen, anheben. Ihre Hände glitten ins Leere. Da war kein Kleid. Sie war nackt. Für einen Augenblick erschrak sie. Doch dann genoss sie es, nackt zu sein. Wie wohlig strich der Wind über ihre Haut. Flüsterte da nicht jemand ihren Namen? Sie blickte sich um. Da war niemand. Unsichtbare Hände griffen nach ihr, glitten über ihre nackten Hüften, tasteten sich über ihren Bauch zu den Brüsten empor, verweilten dort werbend. Sie spürte, wie sich ihre Brustspitzen aufrichteten und hart wurden. Sie genoss es mit geschlossenen Augen.

Sie lag auf dem Strand. Der Sand war warm.

Irgendetwas umschlang die Knöchel ihrer Füße. Eine Hand ergriff ihre Hand, hob sie an. Es waren liebevolle Bewegungen, so als würde sie zum Tanz geführt.

Als sie die Augen öffnete, lag sie auf einem Bett in einem abgedunkelten Zimmer. Es dauerte ein paar Atemzüge, bis ihr einfiel, wo sie sich befand. Sie wollte sich aufrichten. Es ging nicht. Sie lag lang ausgestreckt auf dem Rücken, die Arme und Beine am Kopf- und Fußende des eisernen Bettes gefesselt. Sie war nackt. Und sie war nicht allein.

»Schlomo?«

Keine Antwort. Da war nur sein Atem, dicht an ihrem Ohr.

»Schlomo, was soll das? Lass den Unsinn. Mach mich los!«

Stattdessen bewegte sich der Atem von ihrem Ohr fort, glitt über die Schulter bis zu ihrer rechten Achselhöhle, die durch den hoch gereckten Arm offen und entblößt neben ihrem Gesicht lag. Die Berührung mit der Zungenspitze durchfuhr sie wie ein elektrischer Schlag.

»Schlomo.« Es klang schon nicht mehr so vorwurfsvoll, mehr wie eine Bitte. Seine Zunge tastete sich langsam in Richtung ihrer Brust fort. Das Kreuz durchgebogen, den Hals weit zurückgebeugt, so erwartete sie ihn wie ein angespannter Bogen.

Aber er ließ sich Zeit, viel Zeit. Bevor seine Lippen die Brustspitze erreichten, änderten sie die Richtung, bewegten sich auf den Nabel zu, glitten über ihre Haut, ohne sie zu berühren. Sein Atem streifte sie wie ein Schmetterlingsflügelschlag. Er war da, ohne da zu sein. Je tiefer er glitt, desto mehr begehrte sie ihn. Schon berührte sein Atem ihr Schamhaar, um sich zögernd wieder zurückzuziehen.

»Worauf wartest du?«, keuchte sie.

Als er endlich in sie eindrang und ihre Zungen sich zu gierigem Kuss umschlangen, spürte sie, dass die heiße Wange dicht an der ihrigen bartlos war.

O Gott! durchfuhr es sie. O Gott! Aber da war sie schon nicht mehr Herr ihrer selbst. Wer vermag schon eine ausgelöste Lawine aufzuhalten?

Als er seinen glatten, kahl geschorenen Kopf zwischen ihre Brüste legte, erbebte sie bis in ihr innerstes Mark.

Sie spürte, wie die Sehnsucht erneut Besitz von ihr ergriff. Unfähig, sich dagegen zu wehren, gab sie sich ihm hin, bis das erste Licht des Tages durch die Vorhänge sickerte.

Mit ein paar raschen Handgriffen wurde sie von ihren Fesseln befreit. Da waren Schritte von nackten Füßen auf dem Fliesenboden. Eine Tür fiel ins Schloss. Dann war sie allein. Erst dann begriff sie, was geschehen war.

O mein Gott! dachte sie. O mein Gott, was habe ich getan!

Wieso ich? Mir wurde Gewalt angetan. Ich war gefesselt, konnte mich nicht wehren. Wollte ich mich denn wehren? Ich hätte um Hilfe rufen können und habe geschwiegen. Der Wein, der Wein war schuld!

Wie konnte ich nur so viel trinken? Aber hat das wirklich nur am Wein gelegen? O mein Gott, was soll jetzt bloß werden?

Wie kann ich ihnen unter die Augen treten? Diesem Vic? Und erst Schlomo? Kann ich so tun, als sei nichts geschehen?

Unmöglich. Nein, ganz unmöglich.

Sie versuchte ihre Gedanken zu ordnen. Es misslang. Das Ganze war eine Katastrophe.

Ich bin eine verheiratete Frau, eine frisch verheiratete Frau, und habe mich benommen wie eine Hure. Ob man es mir ansieht?

Sie schlüpfte ins Badezimmer. Das vertraute Gesicht blickte ihr aus dem Spiegel entgegen. Es war noch alles so wie jeden Morgen: das zerzauste Haar, die Nase, die fein geschwungenen Lippen.

Ob alle Frauen so schamlos sind?

Sie badete ausgiebig, nahm sich viel Zeit für ihre Frisur, kleidete sich an und stieg die Stufen zur Wohnhalle empor.

Totenstille im ganzen Haus. Aber war da nicht jemand?

Sie blickte durch die große Terrassenscheibe und erkannte den kahlen Hinterkopf des Hausherrn. Vic saß in einem der Korbsessel, drehte ihr den Rücken zu und las die Zeitung, als sei nichts geschehen.

Am liebsten wäre sie davongelaufen. Doch dann riss sie sich zusammen und stieß die gläserne Tür auf.

»Schon auf den Beinen?« Der Glatzkopf erhob sich und wandte ihr das Gesicht zu.

»Schlomo!«

»Habe ich dich erschreckt?«

»Wie schaust du denn aus?«

»Gefalle ich dir nicht?«

»Doch, aber...«

»Aber was?«

»Ich dachte...«

»Du dachtest, ich wäre Vic. Der wurde letzte Nacht zu einem Notfallpatienten ins Hospital gerufen. Er ist noch nicht zurückgekommen.«

Martha ließ sich in einen Sessel fallen und wusste nicht, was sie sagen sollte. Sigmund streichelte ihr Haar und meinte: »Glaubst du, ich hätte es nicht bemerkt, wie sehr dir Vics Männlichkeitsattribute gefallen haben? Ich glaube, Frauen bedürfen dieser visuellen Reize mehr als Männer. Nicht zufällig tragen die Männchen der Säugetiere und Vögel so ausgeprägte Geschlechtsmerkmale wie Löwenmähne, Geweih und Hahnenschwanz, um den Sexualtrieb der Weibchen zu wecken.«

»Aber das ist doch ...«

»Ja, ich weiß, es ist verrückt. Und wenn wir nicht so viel Wein getrunken hätten, hätte ich mich auf dieses alberne Experiment gar nicht eingelassen. Aber es war psychoanalytisch sehr aufschlussreich und hat mir und auch dir großen Spaß gemacht. Ich habe dich noch nie so sinnlich erlebt wie letzte Nacht. Und das alles nur, weil ich mir den Kopf so glatt wie einen Phallus rasiert habe und dich gegen deinen Willen genommen habe. Du magst das, nicht wahr?«

Martha spürte, wie sie bis in die Haarwurzeln errötete. Sie legte ihre Arme um seinen Hals und weinte vor Scham und Glück und Liebe.

»Aber, aber«, tröstete sie Sigmund. »Wir alle werden von unseren Trieben beherrscht.«

Im Archiv der American Psychoanalytic Association befindet sich unter dem archivarisch gelagerten Nachlass ein Brief von Sigmund Freud an einen Freund. Er lautet:

Lieber Vic,

ich versichere dir, dass ich nach dem Vorfall in deinem Haus keinen Groll gegen dich hege. Wir hatten alle zu viel getrunken, und M. ist eine sehr verführerische Frau. Sie glaubt, dass ich bei ihr gelegen habe. Unser Liebesleben hat seitdem erheblich gewonnen. Ich sehe mich wieder einmal in meiner wissenschaftlichen Arbeit bestätigt:

Sex findet im Kopf statt.

Ansprache eines Gottgläubigen

Vor der Akademie für multi-religiöse Esoterik

Sehr verehrter Herr Präsident,
verehrte Damen und Herren,
Technik und Naturwissenschaften leben von Innovationen. Unsere Künste leben von schöpferischer Originalität. Selbst unsere Kleidung folgt dem letzten Stand der Mode. Nur die Elendsten unter uns würden Schuhe und Hosen von anderen auftragen. In unserem Glauben jedoch stolpern wir in abgetragenen Jesussandalen und mottenzerfressenen Lendenschurzen durch unsere computergesteuerten Stadtlandschaften.

Galilei hat unsere kindliche Vorstellung vom All korrigiert. Darwin hat uns den Zahn gezogen, Gottes Ebenbild zu sein. Seit Freud wissen wir, dass wir keine vernunftgesteuerten Verstandesmenschen sind, sondern den dunklen Trieben unseres Unterbewusstseins ausgeliefert sind.

Keiner glaubt mehr, dass die Erde eine Scheibe ist, dass sich Fliegen und Flöhe ungeschlechtlich vermehren, indem sie sich aus Schmutz bilden, oder dass Knoblauch Vampire vertreibt. Aber in unserer Religion glauben wir noch immer den gleichen Kinderkram wie unsere Muhmen aus dem Mittelalter, weil, so sagen die Sachverwalter des Glaubens, es sich um eine ewige Wahrheit handelt. Unser Gott war und wird immer sein.

Diese Behauptung lässt sich leicht widerlegen. Vor unserem Bibelgott regierten Jupiter, Mars und Venus die Welt. Davor waren es Zeus und Apollo oder Wotan und Mitra. Und noch weiter zurück Baal, Astarte, Isis, Kali, Manitu und wie sie alle heißen mögen. Ausgestorben sind sie wie die Saurier und die Mammuts. Auch Götter haben ihr Verfallsdatum. Unserem Gott wird es da nicht anders ergehen. Seine Tage sind gezählt. Große Geister wie Nietzsche oder Voltaire sind der Meinung, dass er längst tot ist.

Aus diesem Grund habe ich beschlossen, mir eine eigene, zeitgerechtere Religion zuzulegen, so wie das ja die meisten von uns bereits getan haben. Der Urknall ersetzt ihnen den Schöpfungsmythos und die anstehende Klimakatastrophe die Apokalypse.

Nein, glauben Sie mir: Ein neuer Gott muss her!

Die Idee ist nicht neu. Als Friedrich der Große während eines Tischgesprächs zu Voltaire sagte: »Wenn es Gott nicht gäbe, so müsste man ihn erfinden«, da antwortete der: »Was man ja dann auch tat.« Sie sehen, die Angelegenheit hat Tradition.

Wie soll er aussehen, der neue Gott?

Bitte keinen Menschen. Menschen sind als Götter völlig ungeeignet. Unser alter Lieber Gott wurde als Mann dargestellt, damit seine Stellvertreter auf Erden behaupten konnten, er habe sie nach seinem Bilde geformt. Aber schon Aesop hat gesagt: Wenn die Käfer sich einen Gott anschaffen würden, so wäre der immer ein Käfer.

Naturvölker sind da bescheidener. Die Buschmänner der Kalahari-Wüste glauben, dass Gott eine Stabheuschrecke ist. Die alten Ägypter verehrten krokodil- und katzenköpfige Gottheiten. Und auch für mich ist Gott ein Tier. Tiere besitzen noch jene mythische Unschuld, die uns bei der Vertreibung aus dem Paradies abhandengekommen ist.

Wäre Gott ein Affe, hätte Darwin auch in religiösem Sinne recht, wenn er behauptet, dass wir vom Affen abstammen. Obwohl es in Indien Affengötter gibt, kann ich mich nicht mit dem Gedanken vertraut machen, Gott zum Affen zu machen. Anbetungswürdig erscheinen mir dagegen die Vögel.

Auch das hat Tradition. Zeus hat Leda in Gestalt eines Schwanes geschwängert, um mit ihr Helena, die schönste Frau der Erde, zu zeugen. Für die Antike war der Vogel Phönix ein Symbol der leiblichen Auferstehung. Vögel verkörpern mehr als alle anderen Geschöpfe höchste Omnipotenz. Sie können laufen, schwimmen, tauchen und fliegen. Kein Auge ist schärfer als ein Falkenauge. Kein anderes Lebewesen vermag so schnell so weite Strecken zurückzulegen wie die Zugvögel. Sie fahren gen Himmel wie die Heiligen und flattern beflügelt umher wie die Engel. Dabei haben sie nicht nur leuchtend buntes Gefieder, sondern auch noch anrührend schöne Stimmen. Und auch figürlich machen sie mehr her als der opahafte Liebe Gott, der mit wehendem Vollbart unter der Decke der Sixtinischen Kapelle umherschwebt.

Wenn Sie jetzt denken, ich hätte einen Vogel, so lassen Sie sich sagen: Ja, dem Vogel sei Dank, den habe ich, denn mein Gott ist ein Vogel.

Ein Urvogel als Schöpfer allen höheren Lebens: Welch ein Gedanke! Großartig wie Goethes Urpflanze, aus der alle Pflanzen hervorgegangen sind! Wenn Sie diese Vorstellung entsetzt, so lassen Sie sich daran erinnern, dass auch der Heilige Geist in Gestalt einer Taube angebetet wird.

Deum habemus! Einen Gott haben wir somit. Jetzt fehlt nur noch das dazugehörige Programm, so etwas wie die Zehn Gebote. Die alten sind so verschlissen wie ein Satz abgefahrener Autoreifen. In einer Gesellschaft, in der die Scheidungsrate höher ist als die Anzahl der Geburten, klingt: »Du sollst nicht ehebrechen!« so antiquiert wie: »Du sollst keine anderen Götter haben neben mir!« Wie soll das denn in einer multi-religiösen Gesellschaft vor sich gehen, in der mehr Moscheen als Kirchen gebaut werden? Und was soll die Ehrung von Vater und Mutter in einer Welt, in der Mütter künstlich besamt werden und die meisten Kinder von einem Single oder von Ganztagsschulen aufgezogen werden.

Diese notwendige Renovierung gilt nicht nur für die Zehn Gebote, sondern auch für viele andere Forderungen der alten Religion. Als Gott zu Adam und Eva sprach: »Gehet hin und mehret euch!«, da gab es nur zwei Menschen auf der Erde. Heute sind wir mehrere Milliarden. Wir brauchen einen Allmächtigen, der unsere Fruchtbarkeit einschränkt.

Wir brauchen keinen, der Wasser in Wein verwandeln kann, sondern einen, der in der Lage ist, die von uns versauten Flüsse wieder in reines Wasser zu verwandeln.

Als die Bibel verfasst wurde, war die Erde eine Scheibe, über die sich der Himmel wie eine Käseglocke spannte. Sonne, Mond und Sterne hatte der Liebe Gott für uns darangeheftet. Inzwischen leben wir in einem Universum von unendlicher Weite mit Millionen von Milchstraßen. Wie kann da einer glauben, der Schöpfer dieses ungeheuren Alls, falls es ihn gibt, würde einen Erdling zur Rechenschaft ziehen, weil er die Frau seines Nachbarn begehrt hat?

Du sollst nicht stehlen oder falsch Zeugnis ablegen sind Vergehen wie falsch parken oder Steuern hinterziehen. Was hat das mit dem Allmächtigen zu tun? Dafür sind unsere Juristen zuständig. Wichtig erscheint mir das Gebot: Ehrfurcht vor dem Leben! Auch vor dem Leben der Tiere und der Pflanzen.

Die Ausrottung ganzer Arten ist ein schlimmeres Verbrechen als die Ermordung irgendeines Zweibeiners, so würde der Schöpfer der Erde wohl heute denken, wenn er seine Gebote neu herausgeben würde.

Überhaupt bedarf es einer Neubewertung des Bösen. Sexualität hat nichts mit Sünde zu tun. Keine Liebe kann so pervers sein wie der Hass. Bei der Reform dessen, was gut und was böse zu sein hat, habe ich der Schlange den Platz zugewiesen, den sie aus heutiger Sicht verdient. Sie ist nicht länger böse, sondern gut, weil sie das Paradies von den Menschen gesäubert hat.

Nicht nur die Inhalte, auch die Form bedarf der Neuordnung. Kultus und Ritual sind unverzichtbare Bestandteile einer jeden Religion. Auch dafür habe ich gesorgt.

Höchster Feiertag ist das Einachtsfest, die Nacht, in der der göttliche Vogel aus dem Ei geschlüpft ist, das er gleichzeitig gelegt hat. Ein Wunder, das an die Urfrage der Schöpfung rührt: Was war zuerst da, das Ei oder der Vogel? Im Mysterium der Einacht verschmilzt dieser widersprüchliche Dualismus zu mystischer Einheit im Glauben.

An diesem Feiertag – es ist der erste Vollmond im Mai – baue ich mir im Garten ein Nest aus frischem Birkengrün. Dort hinein setzen wir uns, meine Familie und ich, nackt, wie wir aus dem mütterlichen Schoß beziehungsweise aus dem väterlichen Ei geschlüpft sind. Wir gießen uns gegenseitig Vogelbeermus über die Köpfe und singen dabei wie die Vögel.

Es ist ein sehr intimer und doch fröhlicher Festakt. Nur der Mond schaut zu. Danach baden wir in warmer Hühnerbrühe, ein symbolisches Ritual zur Erinnerung an das Martyrium von Millionen von Käfighennen, die für uns gestorben sind. Danach beschenken wir uns.

Falls Sie das für absurd halten, so lassen Sie sich sagen, dass es weiß Gott nicht weniger verrückt ist, im Wald einen Nadelbaum umzuhacken, ihn in die gute Stube zu stellen und ihn dann mit bunten Kugeln und Silberhaar zu behängen, aus Waben, die man Honig sammelnden Insekten weggenommen hat, Kerzen zu formen, die brennen, während man auf einen alten Mann mit Bart und rotem Kapuzenmantel wartet. Und das alles, weil vor 2000 Jahren am oberen Rand von Afrika eine jungfräuliche Geburt stattgefunden hat.

Der Unterschied zwischen meinem Einachtsfest und eurem Weihnachtsfest ist nur, dass ihr euch an euren Unsinn gewöhnt habt. Wenn ein Mensch etwas völlig Abartiges tut, wird er für verrückt erklärt. Wenn das eine größere Gruppe tut, so werden seine Mitglieder als Spinner belächelt. Wenn es am Ende aber alle machen, so sind die, die sich nicht daran beteiligen ungläubige Ketzer, verstockt und unbelehrbar.

Es wird nicht lange dauern, und ich werde mir Gedanken darüber machen müssen, was mit diesen Unbelehrbaren zu geschehen hat, die meinem Gott nicht dienen wollen. Man muss sie ja nicht gleich verbrennen. Es gibt viele Wege, Häretiker zum rechten Glauben zu bekehren. Mir wird schon etwas einfallen. Beispiele aus der Vergangenheit gibt es ja genug. Denn wisset: Mein Vogel ist groß, und ich bin sein Prophet. Wer nicht an mich glaubt und an meinen Vogel, der soll der Verdammnis anheimfallen bis ins dritte Glied.

Das ist natürlich nicht ernst gemeint. Im Gegensatz zu den etablierten Religionen erhebe ich keinen Anspruch darauf, allein selig machend zu sein. Wenn es mich auch ärgert, dass mein Nachbar verkündet: Gott ist nicht groß, sondern klein, sehr klein sogar, denn er ist ein Einzeller, eine Art Urvirus, aus dem sich alles Leben entwickelt hat. Und da der Mensch aus Milliarden Zellen besteht, sind wir alle milliardenfach Gott oder zumindest seine Stellvertreter auf Erden und somit milliardenfach unfehlbarer als der Papst, der ja bekanntlich nur einfacher Stellvertreter Gottes auf Erden ist, sagt mein Nachbar.

Er hat sich und seinen Söhnen die Ohrläppchen abschneiden lassen, denn Beschneidung muss sein, sagt er. Während der Fastenzeit dürfen sie sich nicht waschen, weil die Hygiene ein Feind der Mikroben und damit der Einzeller ist. Sie stecken sich Hefe in die Ohren und wallfahren nach Zell am See. Nomen est omen.

Unsere Gesellschaft wird nicht nur von Tag zu Tag multi-kultureller, sondern auch multi-religiöser. Jedem sein eigenes Himmelreich. Jedem seine eigene Vorstellung, von dem, was gut und was böse ist. Religion als ICH-AG.

Die Gedanken sind frei, heißt es bei Schiller. Jeder kann denken, was er will. Warum soll er nicht auch glauben, was er will? Seid nicht länger Schafe, werdet euer eigner guter Hirte!

Erschafft euch euren Schöpfer!

Werdet wie Gott!

Makaberer geht es nicht

Am 30. Juli 1945 wurde der amerikanische Kreuzer *Indianapolis* mit fast 1200 Mann Besatzung von einem japanischen Unterseeboot torpediert. Er sank so schnell, dass keine Rettungsboote mehr zu Wasser gelassen werden konnten. Die Überlebenden trieben im Wasser, 240 Seemeilen vor Guam. Der Pazifik war ruhig und verhältnismäßig warm. Trotzdem wurden nur 316 Männer gerettet. Sie berichteten, Haifischrudel hätten ein furchtbares Blutbad angerichtet.

Ein Aufschrei der Empörung ging durch die Presse. Er richtete sich nicht gegen die Japaner, sondern gegen die Haie.

»Wie ist es möglich, dass Gott so erbarmungslose Killerkreaturen erschaffen konnte?« Amerikas populärster Prediger Billy Graham sprach für alle: »Sie sind die leibhaftige Verkörperung des Bösen!«

Den Haien wurde regelrecht der Krieg erklärt. Mit giftigen Lockstoffen und Wasserbomben wurden Hunderte von ihnen getötet, weil sie es gewagt hatten, ihren Hunger an amerikanischen Helden zu stillen. Denn die Männer von der *Indianapolis* waren Helden. Sie hatten die erste Atombombe über den Pazifik gebracht, die nur eine Woche nach der Torpedierung Hiroshima zerstören sollte.

Wie hatte Billy Graham ausgerufen: »Wie ist es möglich, dass Gott so erbarmungslose Killerkreaturen erschaffen konnte!«

Am 6. August, acht Uhr fünfzehn Ortszeit explodierte die erste Atombombe über einer Stadt. Bereits am darauffolgenden Tag besaß man beim amerikanischen Luftwaffen-Oberkommando eine sehr genaue Vorstellung von der verheerenden Wirkung.

Ein Aufklärer der Air Force hatte stechend scharfe Fotos gemacht. Zwölf Quadratkilometer der Stadt waren so fein zu Pulver zermörsert, dass George C. Kenney, Kommandierender General der Aliierten Luftstreitkräfte Fernost, zu seinen Stab sagte, Hiroshima sei wie von einem riesigen Stiefel zertreten worden.

Homer Bigard, Korrespondent des *New York Herald Tribune*, telegrafierte folgende Nachricht an sein Blatt: Aufgrund der Luftaufnahmen muss man annehmen, dass die Bombe von Hiroshima zwei- bis dreihunderttausend Menschen getötet hat.

Die sichtbare Verwüstung schließe die Opfer der radioaktiven Verstrahlung nicht ein.

Diese Nachricht erschien noch am selben Tag in allen westlichen Zeitungen und Rundfunkstationen. Der Bericht des Japaners Masatake Okumia, der im Auftrag des Kaiserlichen Japanischen Hauptquartiers als Erster nach Hiroshima flog, wurde von den Amerikanern abgefangen. Er lautete: Nichts, weder Filmaufnahmen oder noch so beredte Worte, nichts kann denen, die es nicht gesehen haben, auch nur annähernd vermitteln, was mit dieser Stadt geschehen ist. Ein entsetzlicher Leichengeruch, wie er in anderen zerstörten Städten erst nach einigen Tagen auftritt, lähmt die Lungen. Er stammt nicht von den Toten, sondern von den Verbrennungen der Lebenden. Elendsgestalten, die noch vor Kurzem Menschen waren, Monster ohne Gesichter krümmten sich in qualvoller Agonie.

Dieser Bericht des Grauens war den Amerikanern bekannt.

Bei der Pressekonferenz am 7. August hatte General Spaatz auf die mit großer Erregung vorgetragene Frage eines Korrespondenten, ob eine zweite Bombe zum Einsatz komme, nur schweigend gelächelt.

Am nächsten Tag fiel die Entscheidung, ohne Verzögerung eine weitere Bombe zum Einsatz zu bringen. Dieser grausame Beschluss erfolgte automatisch von der militärischen Dienststelle auf Guam, ohne ausdrücklichen Befehl des Präsidenten Truman, so heißt es. Die zweite Bombe war bereits eine Routineangelegenheit.

Am Donnerstag, dem 9. August, um zwei Uhr nachts rollte eine B29 mit abwurfbereiter Bombe an Bord auf die Startbahn. Der Hauptverband bestand aus drei Maschinen. Major Sweeney führte die B29. Bombenschütze war Captain Beahan. Colonel Tibbets, der den Einsatz von Hiroshima geleitet hatte, war dieses Mal nicht dabei. Gut gelaunt hatte er den Reportern erklärt: »Ich habe bereits genug Ruhm geerntet. Lass die anderen Jungs ran. Die können das genauso gut wie ich.«

Unmittelbar vor dem Start zur Ermordung von 250 000 friedlich schlafenden Bürgern sprach der Kaplan William B. Downey von der Hope Lutheran Church in Minneapolis, Feldgeistlicher der 509. Gruppe, zu der Mannschaft den folgenden Segen:

> Allmächtiger Gott, Vater aller Vergebung,
>> wir bitten dich, sei huldvoll mit denen, die
>> in dieser Nacht fliegen.
> Führe und beschütze jene von uns, die sich
> der Dunkelheit deines Himmels anvertrauen.
> Trage sie auf deinen Flügeln.
> Beschütze ihren Leib und ihre Seele,
> und bringe sie heil zurück.
> Gib ihnen Mut und Kraft für den Flug,
> der vor ihnen liegt, und belohne sie
> für ihre Anstrengung.
> Mögen wir unser Ziel erreichen,
> auf dich vertrauen und wissend,
> dass du bei uns bist,
>> jetzt und für immer. Amen.

Makaberer geht es nicht. Nein, makaberer geht es wirklich nicht.

War Noah ein Tierquäler?

Da sprach Gott zu Noah: Mache dir einen Kasten aus Tannenholz, und mache ihn also: Dreihundert Ellen sei die Länge, fünfzig Ellen die Breite und dreißig Ellen die Höhe. Ein Fenster sollst du daranmachen obenan, eine Elle groß. Und er soll drei Stockwerke haben.

So steht es im Alten Testament, und das erzählt uns keine Lügengeschichten, sondern beruht auf historischer Wahrheit. Die Mauern von Jericho wurden ausgegraben, und noch im vergangenen Jahrhundert gab es eine Expedition zum Berg Ararat, um die Überreste der Arche Noah aufzuspüren.

Halten wir uns an die Fakten:

Die Maße der Arche betragen 300 x 50 Ellen.

Die Elle, auch bei uns lange im Gebrauch, trägt ihren Namen vom wohlbekannten Unterarmknochen und ist etwa einen halben Meter lang. 300 halbe Meter multipliziert mit 50 halben Metern ergeben eine Fläche von 3750 Quadratmetern. Da es heißt »und soll drei Stockwerke haben«, müssen wir diese Grundfläche des schwimmenden Kastens mal drei nehmen, wenn wir wissen wollen, wie groß die gesamte nutzbare Fläche war, die den Passagieren zur Verfügung stand.

3750 x 3 = 11 250 Quadratmeter.

Nach dem heutigen Stand der Wissenschaft gibt es

etwa anderthalb Millionen Tierarten, von denen mehr als die Hälfte Insekten und anderes Kleingetier sind, die in der Arche nicht viel Platz wegnehmen. Wenn wir davon ausgehen, dass von der übrig gebliebenen anderen Hälfte jedes zweite Tier im Wasser lebt, also kein Rettungsboot braucht, so bleiben noch 375 000 Landtierarten. Diese Zahl müssen wir verdoppeln, weil Noah das Vieh paarweise an Bord nahm. 750 000 Vierbeiner, verteilt auf 11 250 Quadratmeter, ergibt eine Standfläche von 0,015 Quadratmetern. Das ist weniger, als auf einen Bierdeckel passt.

Und das für frei laufende wilde Tiere, für Rehe und Gazellen, von Nashörnern, Elefanten und Giraffen gar nicht zu reden.

Wie ist das möglich? Wo liegt der Fehler?

Vielleicht war zu Noahs Zeiten eine Elle wesentlich größer als ein halber Meter? Nein, das kann nicht sein. Ein Holzschiff von 300 Ellen, also 150 Metern, ist schon unglaublich genug. Keine Seefahrernation hat bis in die Gegenwart solche Riesenschiffe aus Holz zu bauen vermocht. Und außerdem heißt es: Mache die Arche 30 Ellen, also 15 Meter, hoch.

Das ergibt bei den geforderten drei Etagen eine Deckenhöhe von fünf Metern. Das ist verdammt hoch für Tiere, von denen die wenigsten zwei Meter groß werden. Noch größere Höhe wäre unverzeihliche Platzverschwendung, und Platz war – wie wir errechnet haben – verdammt knapp.

Man kann die Angelegenheit drehen und wenden, wie man will – man gelangt immer wieder zum gleichen

Ergebnis: Auf diesem Kahn muss die Hölle los gewesen sein! Nicht nur wegen der unglaublichen Enge, die noch größer wird, wenn wir uns vergegenwärtigen, dass ja auch für alle Viecher Futtervorräte mitgenommen werden mussten. Noch schlimmer sind die Licht- und Luftverhältnisse. Erinnern wir uns an die göttliche Bauanleitung: »Ein Fenster sollst du daranmachen obenan, eine Elle groß!«

Man muss sich das einmal vorstellen: Eine Dachluke für die gesamte vierbeinige Schöpfung! Hunderttausende Mist produzierender Tierleiber auf allerengstem Raum, ohne Ventilation in absoluter Dunkelheit!

Und dennoch gilt bis in die Gegenwart die Arche Noah als liebenswerte Mystifikation des Tierschutzes.

Wenn das wahr ist, was hier steht – und wer wollte am Buch der Bücher zweifeln? –, so handelt es sich im Falle Noahs um die erste und vermutlich größte Tierquälerei aller Zeiten. Wenn ein heutiger Transportern für Schlachtvieh seine lebende Fracht so brutal übereinanderstapelt, würde man ihn mit Recht wie einen gemeinen Mörder behandeln.

War Noah ein Sadist?

Wohl kaum, denn er hat nur göttlichen Befehl befolgt. Der Bauplan der Foltermaschine stammt von keinem Geringeren als von Jehova persönlich, und der wird besser als alle anderen wissen, was seinen Geschöpfen guttut. Vielleicht war das alles nur halb so schlimm, so könnten sich die heutigen Massentierzüchter auf ihn berufen, Noah zu ihrem himmlischen Schutzpatron ernennen und folgendermaßen argumentieren:

Hört endlich auf, die übereinandergestapelten Käfige der Legehennen zu verunglimpfen!

Was sind schon ein paar tot gequetschte Schweine auf einem Viehtransporter neben der Dreiviertelmillion Vierbeiner in Jehovas Kiste aus Tannenholz! Neben der finsteren Enge der Arche sind unsere Kälbermastboxen die reinsten Weidegründe. Wollt ihr den Schöpfer kritisieren?

Wie heißt es im Kirchenlied: »Was Gott tut, das ist wohlgetan.«

NOAH, GEH VORAN! WIR FOLGEN DIR.

Rache

Weit erstreckt sich die Taiga unter dem wolkenverhangenen Himmel. Stille lastet auf dem Land, so als wären selbst alle Laute zu Eis erstarrt. Nur das Rattern der Räder auf den eisernen Schienen und das Fauchen der Lokomotive erfüllen die frostklirrende Luft.

Im ersten Waggon des Güterzugs, gleich hinter dem Tender, liegt ein Mensch auf Stroh. Ihm ist ein Wunder widerfahren. Mitten in der Nacht haben sie ihn geweckt: »Nach Moskau«, sagt der Soldat, der ihn wach rüttelt. »Dawei, dawei!«

Jetzt liegt der Strafgefangene C843 in einem fensterlosen Güterwagen, wie damals, als sie ihn nach Sibirien in die Verbannung geschickt haben. Doch dieses Mal allein und ohne Fußfessel. Mein Gott, wie lange ist das her!

Die Vergangenheit gleitet an ihm vorbei wie die Landschaft, die er nur durch einen schmalen Schlitz an der Schiebetür wahrnimmt.

Igor Benjamin Rozanow, so heißt er, oder richtiger: so hieß er, bevor sie ihn zu einer Nummer degradiert haben. Es gab sogar einmal eine Zeit, in der er mit »Professor Rozanow« angesprochen wurde, und das mit Respekt, denn er hat Lenin zur leibhaftigen Unsterblichkeit verholfen.

Lenin! Ja, mit Lenin hat alles begonnen: Aufstieg,

Triumph und Verbannung. Dabei ist er ihm nie begegnet. Und dennoch hat er den »großen Führer der glorreichen Revolution« so nah und intim erlebt wie kein anderer. Er wusste, wie sich Lenins welke Haut anfühlt. Er wusste sogar, wie es in Lenins Kopf aussah, denn er war dabei gewesen, als sie ihm den Schädel aufgemeißelt haben, um ihm das Gehirn herauszunehmen. Eine ekelhafte Prozedur.

»Wenn ihr mein Andenken in Ehren halten wollt, dann baut Kindergärten, Häuser, Schulen und Krankenhäuser. Besser noch: Lebt in Übereinstimmung mit meiner Lehre.« Das waren Lenins letzte Worte auf dem Sterbelager.

Seine Bitte fand kein Gehör. Die Idee, den Leichnam dauerhaft zu konservieren, wurde unmittelbar nach Lenins Ableben zur Staatsangelegenheit erhoben.

Für diesen letzten Dienst an dem großen Toten erschien keiner geeigneter als Professor Worobjow, Lehrstuhlinhaber für Anatomie an der Universität von Charkow. Worobjow verfügte über hervorragende Kenntnisse auf dem Gebiet der Einbalsamierung. Doch da er wusste, welcher Gefahr er sich im Falle eines Scheiterns aussetzte, lehnte er das ehrenvolle Anersuchen höflich ab: »Solch ein hoch kompliziertes Unterfangen ist nur unter optimalen Arbeitsbedingungen möglich, und die sind nicht gegeben.«

»Dann werden wir sie halt schaffen«, hieß es.

Worobjow bekam alles, was er wollte. Geld spielte keine Rolle. Auch bei der Aufstellung seiner Mitarbeiter ließ man ihm freie Hand. Mein Gott, wie geehrt fühlte ich mich, als er mich hinzuzog, denkt C843, während ihn der Güterzug durch die Nacht fährt. Bilder der Erinnerung. Er sieht sie vor sich, als hätte er das alles erst kürzlich erlebt. Dabei sind inzwischen fast dreißig Jahre vergangen. In Gedanken ist er wieder der jüngste Professor im Kreis der auserwählten Experten.

Soldaten der Roten Armee haben bei minus dreißig Grad eine Gruft in den gefrorenen Boden gesprengt. Darüber wird eine provisorische Holzhütte errichtet, an der mit goldenen Großbuchstaben der Name Lenin prangt. Auf hölzernen Leitern steigen sie hinab in die dunkle, eiskalte Grube.

Der Leichnam trägt bereits Anzeichen der Verwesung. Leichenflecken bedecken Gesicht und Hände. Die Augenhöhlen sind eingefallen. Seine Nase beginnt, sich schwarz zu färben. Die Lippen, leicht geöffnet, geben den Blick in die zahnlose Mundhöhle frei.

Worobjow will den Leichnam mit Hilfe einer Flüssigkeit aus Kaliumazetat, Zinkchlorid, Glyzerin und Alkohol vor dem Verfall bewahren. Balsam soll gespritzt werden, um die Haut vor dem Austrocknen zu bewahren. Bitumenartige Pasten werden aufgetragen, Desinfektionsmittel, Chinin und Phenol in den Adern sollen den Verfall aufhalten, so schnell wie möglich.

Die politischen Entscheidungsträger halten das Tiefkühlverfahren für die bessere Lösung. Nach kurzem Ringen gelingt es, die Gegenseite davon zu überzeugen, dass der Gefrierprozess den Toten bis zur Unkenntlichkeit entstellen würde. Ausschlaggebend sind am Ende die anatomischen Präparate, die Professor Worobjow in seinem Institut in Glasbehältern aufbewahrt. Sie sind so gut erhalten, dass sie lebendigen Organen ähneln.

C843 erinnert sich: Unlösbar erscheint die Beseitigung der dunklen Leichenflecken, vor allem im Gesicht und an den Händen. Die Lippen werden aufgespritzt und mit Nähten geschlossen, die sie unter dem Schnurrbart verstecken. Glaskugeln verhindern das Einsinken der Augenhöhlen. Die geschlossenen Lider darüber werden zugeklebt. Die Arbeit in eiskalten Kellerräumen währt mehrere Monate. Am Ende sind sie alle krank. Aber sie haben das Unmöglich vollbracht. Als Lenins Witwe, die die Einbalsamierung nicht wollte, den Toten sieht, sagte sie tief bewegt: »Es verschlägt mir den Atem. Er befindet sich in demselben Zustand wie gegen Ende seines Lebens, vielleicht sogar in einem besseren.«

Ein ungeheurer Leninkult wurde aus der Taufe gehoben. Die staatlich verordneten Trauerfeiern der Bolschewiken übertrafen allen Beerdigungspomp der Zaren. Petersburg wurde in Leningrad umgetauft. Und gleichzeitig begann ein Ringen um die Macht ohnegleichen, aus dem Stalin als Sieger hervorgehen sollte. Er verstand es von Anfang an, alle zu beseitigen, die seinem Machtanspruch im Weg standen. Lenins Beerdigungstermin verlegte er so, dass sein Rivale Trotzki nicht daran teilnehmen konnte. Mit ein paar ihm treu ergebenen Genossen trug er den Sarg auf seinen Schultern in das provisorisch errichtete Mausoleum. Lenin war für ihn der Steigbügelhalter auf dem Weg zur unumschränkten Herrschaft.

Der Zug hält. Die Tür wird aufgeschoben. Der Gehilfe

des Lokomotivführers, ein junger Mongole, bringt Brot, Zwiebeln und eine Schale mit heißer Kohlsuppe. Er steigt in den Waggon und setzt sich zu dem entlassenen Sträfling. Er sagt etwas, das C843 nicht versteht. Und doch verstehen sie einander wie zwei Tiere derselben Art. Seine Hände sind so schwarz wie die Kohle, die er unter die Dampfkessel schaufelt.

Später kommt der Lokomotivführer, ein graubärtiger Alter aus Kaukasien. Er trägt eine Eisenbahnermütze zum Zeichen seiner Amtsgewalt. Er hält Distanz zu dem entlassenen Sträfling, was sich im Laufe der Bahnfahrt jedoch ändert.

In regelmäßigen Abständen hält der Güterzug auf freier Strecke, um Wasser aufzunehmen und damit die Männer ihre Notdurft verrichten können. Dann gibt es heißen Tee, den der Heizer aus einem eisernen Kessel in Tonschalen ausschenkt.

»Warum hat man dich entlassen?«, will der Lokführer wissen. C843 weiß darauf keine Antwort.

»Ich fahre mehrmals im Monat von Workuta nach Moskau, die Waggons voller Kohle und Eisenerz. Auf der Rückreise sind es Maschinenteile, Lebensmittel und Strafgefangene. Ich kann mich nicht erinnern, einen von euch in die entgegengesetzte Richtung, nach Moskau, mitgenommen zu haben. Der Befehl kam von ganz oben.«

»Vom Obersten Sowjet? Was hat das zu bedeuten?«

»Vielleicht brauchen sie dich als Zeugen.«

»Seit wann braucht man bei uns Zeugen, um einen Menschen zu verurteilen?«

»Die *Prawda* berichtet von Schauprozessen gegen Landesverräter.«

»Die gab es doch schon immer.«

»Ja, aber dieses Mal handelt es sich um eine große Sache, für die sich auch das Ausland interessiert. Eine ganze Reihe von Juden, unter ihnen viele Ärzte, Wissenschaftler und Politiker, sind angeklagt, sich gegen Stalin verschworen zu haben.« Er blickt seinem Fahrgast prüfend ins Gesicht und sagt: »Du bist doch auch ein Jud, oder?«

Und als der nickt, meint er: »Nun weißt du, warum man dich holt.«

C843 schweigt. Er weiß aus Erfahrung: Zeugen werden bei politischen Prozessen nicht benötigt, und er selber hat nichts zu befürchten. Wer wird einen bereits Verurteilten aus Sibirien zurückholen, um ihn noch einmal zu verurteilen?

Doch was haben sie mit ihm vor? Warum rufen sie ihn zurück, so plötzlich und nach jahrelanger Verbannung? Als Zeuge gegen jüdische Intellektuelle? Auch er wurde infolge solch einer *politischen Säuberung* aus dem Weg geräumt, und mit ihm Worobjow und all die anderen Wissenschaftler, die an der Einbalsamierung Lenins beteiligt waren. Sie sind wie Millionen andere Stalins Machtgier zum Opfer gefallen. Warum gerade wir?

»Vor allem ihr Juden weckt sein Misstrauen«, sagt der Zugführer. »Stalin empfindet euch als Bedrohung. Hat er nicht an führender Stelle miterlebt, welch umstürzlerische Kraft dem Judentum innewohnt? Im Zentralkomitee der Bolschewistischen Partei gab es nicht weniger als acht Juden, darunter so klangvolle Namen wie Trotzki, Swerdlow, Sinowjew. Männer, die 400 Jahre Zarengeschichte in zwei Tagen zu Fall gebracht haben. Solch ein Machtwechsel darf sich nicht wiederholen.« Er entblößt seine vom Pfeiferauchen gelben Schneidezähne und spuckt auf die Schienen.

C843 schweigt. Der Alte hat recht. Wir Juden haben die Oktoberrevolution unterstützt, weil wir glaubten, dass damit die Einschränkungen entfallen würden, die uns das Zarenregime auferlegt hat. Lenin würde uns eine Karriere im Staatsdienst oder an einer Universität nicht länger verweigern. Statt im Staatsdienst fanden sie sich in Staatsgefängnissen oder in Strafkolonien wieder. Die demokratische Diktatur der Arbeiter und Bauern erwies sich als Schwindel. Hunderttausende fielen Stalins Terror zum Opfer, die meisten waren Arbeiter und Bauern, also genau jene, die eigentlich die Macht ausüben sollten. Die Bolschewiken hatten es geschafft, das Zarenreich zu stürzen. Aber von einer paradiesischen Welt war die Sowjetunion weiter entfernt als je zuvor. Kein Zar hat so menschenverachtend und blutrünstig geherrscht wie Stalin. Oh, wie sehr er diesen Teufel hasste!

Als der Zug nach Mitternacht den Güterbahnhof von Moskau erreicht, wartet ein schwarzer Personenwagen auf C843. Der Fahrer, ein hagerer Bursche mit einer Pelzmütze auf dem Schädel, öffnet dienstbeflissen die Autotür, um seinen Fahrgast einsteigen zu lassen. Kaum hat der auf dem Rücksitz Platz genommen, als das Auto auch schon in großer Eile davonschießt. Wie er da in seiner schäbigen Gefängniskluft in einem eleganten Auto durch Moskau chauffiert wird, glaubt er, jeden Augenblick aus einem Traum aufzuwachen. Zu unwirklich ist das alles.

Sie fahren durch ein Tor mit Wachtposten davor und halten in einem Hof, umschlossen von einer hohen Mauer. Über eine Treppe erreichen sie das Obergeschoss. Der Fahrer mit der Pelzmütze eilt ihm voraus. Am Ende eines langen Flures klopft er an eine Tür. Eine Gruppe von Männern, versammelt um einen Konferenztisch, erwartet sie. Ein Uniformierter mit einer Leninglatze erhebt sich, streckt ihm die Hand entgegen: »Willkommen im Kreml, Professor Rozanow.« Sie schieben ihm einen Stuhl unter. Aus einem Samowar fließt heißer Tee. Kürbiskerngebäck und Wodka werden angeboten.

»Sie wissen, Genosse, welche Aufgabe auf Sie wartet? Nein? Sie können sich nicht denken, warum Sie hier sind?«

Einen Augenblick ist es so still im Raum, dass man das Fallen einer Nadel vernommen hätte. Dann sagt einer der Uniformträger mit vielen Orden auf der Brust: »Stalin ist tot. Und Sie werden ihm angedeihen lassen, was Sie Lenin haben angedeihen lassen. Die Zeit drängt. Der Verfall schreitet voran. Aber schlafen Sie sich erst einmal aus. Danach schreiben Sie uns auf, was Sie für die Einbalsamierung benötigen.«

In jener Nacht schläft er nicht. Wie oft hat er sich in Gedanken ausgemalt, was er mit Stalin anstellen würde, falls ihm diese Ausgeburt der Hölle in die Hände fiele. Er kann sich nicht erinnern, je einen Menschen gehasst zu haben. Aber jeder Gedanke an Stalin erfüllte ihn so rachsüchtig mit Zorn, dass er nachts im Lager vor Hass keinen Schlaf fand.

Ich werde ihn ... Ja, was wird er mit ihm?

Ihn aufschlitzen, ausweiden wie Schlachtvieh. Ihm das Herz herausreißen. Hat so einer überhaupt ein Herz? Den stoppelhaarigen Schädel aufmeißeln, um dem Tyrannen das krankhafte Gehirn herauszunehmen. Die Lippen unter dem struppigen Schnurrbart zunähen, für immer. Glaskugeln in die eingesunkenen Augenhöhlen drücken, um dem erloschenen Blick die Härte zu erhalten. Ja, erhalten! So ein menschenmordendes Ungeheuer darf nicht in Vergessenheit geraten, niemals. So spricht C843 zu sich, als er Hand an Stalin legt. Und da heißt er wieder Professor Igor Benjamin Rozanow.

El Cabrito

La Gomera, ein Name wie ein Lied, ein erloschener Vulkan, umbrandet vom Meer. Das Garajonay-Gebirge teilt das Eiland in zwei ungleiche Hälften. Während der Norden von dschungelhaften Lorbeerwäldern und immergrünen Plantagen überwuchert wird, warten im Süden wüstenhaft karge Felsschluchten vergeblich auf Regen. Eines dieser Täler ist der Barranco del Cabrito. In seinem oberen Verlauf, kaum hundert Doppelschritte breit, erstreckt es sich trichterförmig nach Süden, bis er, immer breiter werdend, in einer malerischen Meeresbucht endet. Die Wände des Barranco, so lautet die spanische Bezeichnung für Schlucht, sind so steil und unzugänglich, dass man das Tal nur über das Meer mit dem Boot erreichen kann. Während der kurzen Regenzeit wird das Tal von alles mitreißenden Regenfluten überschwemmt, die sich donnernd in den Atlantik ergießen. Danach herrscht wieder wüstenhafte Dürre.

Ende des 19. Jahrhunderts hatte ein geschäftstüchtiger Kopf die Idee, im oberen Teil der Schlucht Dämme zu errichten und das kostbare Nass zu speichern.

Don Domingo – wie die Gomeros ihn nannten – erwarb die von aller Welt abgeschiedene Einöde für einen geringen Betrag. Neben Wasser benötigte er vor allem Arbeiter, um aus diesem Mondkrater eine blühende Finca zu machen. Und auch das ließ sich leicht bewerkstelligen, denn auf einer armseligen Insel gibt es natürlich jede Menge Arme, die bereit sind, für einen Hungerlohn zu schuften. Männer wurden angeschafft wie Arbeitstier. Sie waren Leibeigene. Futter und Stall gegen Schwerarbeit und Unterordnung. Wer nicht spurte, bekam die Peitsche, nein, nicht wirklich die Peitsche. Da gab es wirkungsvollere Strafen. Für die war Don Domingos Vorarbeiter Mateo zuständig, ein narbengesichtiger Hüne vom Festland, der mit seinen Fäusten dafür sorgte, dass auf der Finca keine Faulenzer durchgefüttert wurden.

Der Herr der Finca selber hatte zu seinen Untergebenen eine Beziehung wie zu seinen Aquarienfischen, die er sich im Herrenhaus hielt. Eine gläserne Wand trennte ihn von den Barben. Sie bewegten sich in einem anderen Medium und waren für ihn stumm, auch wenn sie die Mäuler noch so weit aufrissen.

Don Domingo war faltig und erschreckend mager, so als hätte er Magengeschwüre. Aber er hatte keine. Er gehörte zu den Menschen, die Magengeschwüre verursachen. Keiner seiner Knechte hatte ihn je ohne Kopfbedeckung gesehen. Den breitkrempigen schwarzen Hut setzte er nur ab, um sich zum Schlafen niederzulegen. Wenn er seine vom Zigarrenrauchen gelb gewordenen Schneidezähne entblößte, wusste man nicht, wollte er lächeln oder zubeißen. Trotziger Stolz umgab ihn.

Als sein jüngster Sohn ein Mädchen einlud, mit ihm auf der Terrasse ein Glas Zitronenlimonade zu trinken, belehrte er ihn: »Man geht mit seinen Dienstboten ins Bett, aber sitzt nicht mit ihnen an einem Tisch.«

Er selber hielt sich für sozial, denn er unterstützte die Familien seiner Knechte, nicht aus Mitgefühl, sondern weil er erkannt hatte: Wer eine Familie zu ernähren hat, läuft nicht davon und traut sich nicht, unverschämte Forderungen zu stellen. Zudem waren die Weiber und Kinder brauchbare Arbeitskräfte beim Unkrautjäten, Tomatenpflücken und Ziegenmelken. Verheiratete erhielten eine eigene Wohnung. Ledige mussten sich zu viert ein Zimmer im Gesindeschuppen teilen. Dort gab es häufig Streit zwischen den Männern, den Mateo dann zu schlichten hatte.

Zurzeit war es besonders schlimm. Zwei Männer bekämpften sich mit solcher Verbissenheit, dass man sie in getrennten Häusern unterbringen musste, was jedoch den Hass aufeinander nur noch zu steigern schien. Immer wieder mussten sie getrennt werden, wenn sie aufeinander losgingen. Beim letzten Mal war Luis Miguel, der Ältere der beiden, mit dem Bananenmesser am Oberschenkel verletzt worden, nachdem er seinem Rivalen Pedro einen Zahn ausgeschlagen hatte.

Der Grund ihrer tödlichen Feindschaft war – wie kann es anders sein – eine Frau.

Sie hieß Carmencita und war für die beiden Kampfhähne die Schönste auf der ganzen Welt. Und sie war schön. Ihre Stimme lud ein, sie mit den Augen auszuziehen. Sie roch nach blühenden Akazien, Ziegenmilch und wildem Honig.

Auf den Kanaren sagt man: Eine vollendet schöne Frau muss zehn mal drei Dinge erfüllen:

Drei weiße Dinge: die Haut, die Zähne und das Weiße in den Augen.
Drei schwarze Dinge: die Pupillen, die Wimpern und die Brauen.
Drei rote: die Lippen, die Wangen und die Fingernägel.
Drei lange: der Körper, die Hände und die Haare.
Drei kurze: die Zähne, die Ohren und die Füße.
Drei glatt gewölbte: die Brust, der Po und die Stirn.
Drei feine: die Finger, die Haare und die Lippen.
Drei kleine: die Brustwarzen, die Nase und der Kopf.
Drei schmale: die Taille, die Knöchel und die Vagina.

Für Luis Miguel und Pedro war Carmencita vollendet, auch wenn sie bisher keine Gelegenheit gehabt, hatten alle zehn mal drei Schönheitsmerkmale ihrer Angebeteten in Augenschein zu nehmen. Aber um an das Paradies zu glauben, muss man es nicht leibhaftig erlebt haben.

Wenn sie lachte, leuchteten ihre Zähne weißer als der Meerschaum auf dem schwarzen Sand der Bucht. Wer in ihre Augen blickte, gab Cervantes recht, der geschrieben hat: Die Männer haben das Feuer erfunden, aber die Frauen wissen, wie man damit spielt.

Am schönsten sind die Frauen, die wissen, dass sie schön sind. Carmencita wusste es. Sie wusste nur wenig und war arm, zudem noch eine Frau, aber sie verfügte über einen Schatz, den alle Männer begehrten. An der Wand ihrer Kammer hing eine Spiegelscherbe, in der sie sich immer wieder begutachtete, nackt bei Kerzenlicht. Dabei bewegte sie sich leichtfüßig wie im Tanz. Die

Arme hoch erhoben, damit ihre Brüste besser zur Geltung kamen, wiegte sie sich in den Hüften, langbeinig und schlank, vielleicht ein klein wenig zu schlank, denn die Gomeros liebten ihre Weiber fleischig. Aber ihr gefiel, was sie sah.

Wenn sie ihre Brustwarzen liebkoste und sich ihren feuchten Fingern hingab, träumte sie davon, einem Mann zu gehören, nicht einem, sondern dem richtigen, einem echten Hidalgo. Wie sagen die Gitanellas, die jungen Zigeunerinnen: Wer ein Bett hat, nur um darin zu schlafen, verdient nicht, dass er ein Bett besitzt. Und keusch ist nur die, die von keinem begehrt wird.

Sie wurde begehrt. Zwei Männer kämpften um ihre Gunst. Pedro, der selber kein Musikinstrument beherrschte, stand des Nachts mit einem bezahlten Lautenspieler unter ihrem Fenster, um sie mit sehnsuchtsvollen Liebesliedern zu beglücken.

Luis Miguel dichtete für sie. Da er weder lesen noch schreiben konnte, erschuf er die Liebesgedichte in seinem Gedächtnis, um sie ihr unter dem Balkon aufzusagen:

> Mein schönstes Gedicht,
> ich schrieb es nicht.
> Gab es dir ohne einen Laut
> auf die nackte Haut.

Alle Bewohner des Barranco del Cabrito verfolgten die erregende Balz. Juanita Teresa, die Mutter der Carmencita, mochte beide Burschen nicht. »Hoffentlich bringen sie sich gegenseitig um.«

Am liebsten hätte sie ihre kleine Gitanella weggesperrt wie ein Käfigvögelchen.

Natürlich hatte auch Don Domingo von dem Hahnenkampf gehört, der sich in seinem Reich abspielte. »Was finden die beiden Burschen bloß an diesem mageren Kind. Frauen sind wie Bananen. Reif und ein wenig verdorben sind sie am besten.« Da er wie alle Machthaber die Meinung vertrat: Ruhe ist die erste Untertanenpflicht, hielt er es im Interesse des ungestörten Arbeitsablaufes auf der Finca für notwendig, den Streit zu beenden. Aber wie? Keiner der beiden Männer war bereit, auf sein Glück zu verzichten.

Das Einfachste wäre wohl gewesen, die Carmencita zu fragen, wen sie sich zum Gatten wünschte. Aber diese Idee war zu abwegig, um sie in Erwägung zu ziehen. Selbst Maria, die Frau des Gutsherrn, war nicht gefragt worden, ob sie Don Domingo zum Gatten wollte, bevor man sie ihm ins Brautbett gelegt hatte. Männer nehmen sich ihre Frauen. Frauen werden genommen. So war es seit ewiger Zeit. Und da gab es noch ein Gesetz seit ewiger Zeit, das besagte, wenn zwei Männer dieselbe Frau begehren, so entscheidet das Duelo con Cuchillo, der Zweikampf mit dem Messer.

Don Domingo erhob Einspruch. Tödliche Duelle widersprächen seinem christlichen Rechtsempfinden. In Wahrheit fürchtete er, eine oder vielleicht sogar zwei Arbeitskräfte zu verlieren, und im Augenblick wurde beim Dammbau jeder Mann gebraucht. Als ihm aber sein Vorarbeiter Mateo klarmachte, dass es schon bald noch mehr Unruhe geben würde, denn beide Kontrahenten erhielten Unterstützung von ihren Freunden, da zog Don Domingo trotz heftiger Vorwürfe seiner Gattin den Einspruch zurück. »Wenn es Hexen gibt«, sagte sie, »diese Carmencita ist eine. Jagt sie zum Teufel! Sie hat etwas Wildes in ihrem Blick, eine grausame Lebensgier, wie sie hungrigen Katzen zu eigen ist. Sie ist es nicht wert, dass ihretwegen Blut vergossen wird.«

Die Männer der Finca waren da anderer Meinung. Wer die Spanier kennt, weiß, wie sehr sie den tödlichen Wettstreit lieben, von der Corrida bis zum Hahnenkampf. Seit Tagen gab es im ganzen Barrito kein anderes Gesprächsthema als das Duell. Obwohl beide Männer fast gleich groß waren, schien Luis Miguel der Schwächere zu sein. Neben seinem Rivalen wirkte er, obwohl älter, wie ein großer Junge. Er war weniger muskulös, aber wendiger, und studierte seine Umwelt mit hellwachen Augen. Wenn wahr ist, was man sagt, dass sich die Willenskraft eines Menschen in seinem Blick offenbart, so besaß er reichlich davon.

Pedro verfügte über die stierhafte Männlichkeit, die jungen Mädchen Angst einflößt und von der die Frauen im vierten Lebensjahrzehnt träumen. Obwohl er sich täglich rasierte, war sein Gesicht nie wirklich glatt. Die breiten Schultern über schmalen Hüften verliehen ihm das Aussehen eines Toreros. Seine Vorfahren stammten aus Kastilien. Zur Schau gestellter machohafter Stolz ist ein wesentlicher Bestandteil dieser alten iberischen Rasse, die ihre ungetreuen Frauen zu töten pflegte, um sie wie schädliche Tiere im Ödland zu begraben. Natürlich fühlte er sich dem alten, schwächlichen Knaben weit überlegen. Und der war davon überzeugt, dass er diesen hirnlosen schwerfälligen Gorilla zur Hölle schicken würde.

Carmencita war ständig von alten Weibern umgeben, um sie vor den Zudringlichkeiten ihrer Freier zu bewahren. Sie ließen die so heiß Begehrte nicht mehr aus den Augen. Schließlich ging es hier um ihrer aller Ehre, vor allem nachdem Pedro versucht hatte, sie mit Gewalt an sich zu reißen. Sie hatte ihm in die rechte Hand gebissen und gedroht: »Ich kratze dir die Augen aus.«

Auch Luis Miguel versuchte immer wieder Kontakt mit der Geliebten aufzunehmen, aber nicht mit Gewalt, sondern mit Witz und frechem Wortspiel.

»Soll ich dir verraten, was ich mit dir machen werde, wenn du mir gehörst?«, rief er ihr zu. »Gar nichts wirst du machen«, erwiderte sie lachend, »denn ich werde dir nie gehören.« Und er rief zurück: »Du bist wie der Bergpfad nach San Sebastian: Kurvenreich und anstrengend, aber atemberaubend schön.«

Schon wurden im Barranco die ersten Wetten abgeschlossen, wer das Duell mit dem Messer wohl gewinnen würde. Die meisten tippten auf Pedro. »Der Kerl ist stark wie ein junger Stier.« Aber es gab auch welche, die sagten: »Der Stier ist zwar stärker als der Torero, und doch verliert er fast immer. Auch David hat den Goliath erschlagen, und der Fuchs ist gewitzter als der Bär.«

Die alten Frauen aber meinten: »Die Muttergottes wird es schon richten.«

Carmencita tat so, als ginge sie das alles nichts an. In Wirklichkeit jedoch war sie fest entschlossen, sich nicht wie ein Zicklein an den Meistbietenden verkaufen zu lassen. Eine Siegestrophäe wollte sie nicht sein.

Wie war das doch mit den Hähnen im Herbst gewesen? »Der alte Hahn taugt nicht mehr viel«, hatte die Köchin gesagt, die das Geflügel der Finca versorgte. Ein neuer Hahn war angeschafft worden, der seinen Kontrahenten so übel zurichtete, dass sie ihn schlachten mussten. Danach sprang der Sieger so brutal mit den Hennen um, dass sie sich auch von ihm trennen mussten. Ein guter Kämpfer war nicht unbedingt ein guter Gatte.

Wie aber sollte sie den Kampf beeinflussen? Männer nehmen sich ihre Frauen. Frauen werden genommen.

Umgeben von Tamarisken und Dattelpalmen, lag lang hingestreckt am Strand eine steinerne Halle, in der die Bananen lagerten, bevor sie nach San Sebastian verschifft wurden. In der Halle gab es eine Kammer für die Ziegenmilch. Um sie kühl zu halten, hatte der Raum keine Fenster. Bei geschlossener Tür herrschte dort drinnen schwärzeste Finsternis. Hier sollte der Zweikampf ausgetragen werden. So wollte es Don Domingo: »Damit auch der Schwächere der beiden eine faire Überlebenschance erhält. Im Dunklen sind beide gleichermaßen benachteiligt. Und außerdem wollen wir nicht mit ansehen wie sich diese beiden Idioten gegenseitig abschlachten. Wer die Kammer lebend verlässt, hat gewonnen.«

Noch vor Sonnenaufgang traf sich alles, was Beine hatte, bei der steinernen Halle, die Männer getrennt von den Weibern. Die hatten sich, eingehüllt in ihre Mantillas, um Carmencita geschart, Trotz und Stolz in ihrer

Haltung und im Ausdruck ihrer Gesichter. Sie waren sich alle gemeinsam ihres Wertes bewusst. Hier wurde um eine von ihnen auf Tod und Leben gekämpft.

Der Korbsessel, den man für Don Domingo aufgestellt hatte, blieb leer, so als wollte er demonstrativ zum Ausdruck bringen, was er von diesem Duell der Dummköpfe, wie er das nannte, hielt.

Umringt von ihren Freunden und Familien, wurden die beiden Duellanten herbeigeführt. Mateo forderte sie auf, ihre Oberkörper zu entblößen. Sie legten ihre verwaschenen Leinenhemden ab, die sie bei der Landarbeit trugen. Pedro ließ seine Oberarmmuskeln bedrohlich spielen und schlug sich dabei mit den Fäusten gegen die behaarte Brust. Luis Miguel verschränkte seine Arme vor der Brust, so als wäre ihm kalt oder als schämte er sich seiner Nacktheit.

Mateo erklärte noch einmal die Kampfregeln: »Beide Männer werden gleichzeitig in die Kammer eingelassen. Wenn hinter ihnen die Tür zuschlägt, müssen sie im Dunkeln zu ihren Dolchen eilen, die in gegenüberliegenden Ecken des Raumes auf sie warten. Sieger ist der, der die Kammer lebend verlässt.«

Mit einem Blick auf Carmencita fügte er hinzu: »Schaut sie euch noch einmal gut an. Einer von euch wird sie nicht wiedersehen.«

Der Kreis der Frauen öffnete sich. Carmencita ging zu Luis Miguel. Sie blickte ihm schweigend in die Augen und formte ihre Lippen zum Kuss. Es war eine verheißungsvolle Geste, oder war es ein Abschiedskuss? Dann ging sie zu Pedro, fuhr ihm mit der Hand durch das schwarzgelockte Haar und schenkte ihm ihr schönstes Lächeln. Für die Umstehenden war es ganz offensichtlich, dass sie ihre Gunst dem Stärkeren geschenkt hatte. Und das war auch richtig so, denn in der ganzen Schöpfung gehören die Weibchen den stärksten Männchen. Männer nehmen sich ihre Frauen. Frauen werden genommen.

Ein paar alte Weiber begannen laut zu beten. Dann fiel die Tür ins Schloss. Die Menschen davor hielten den Atem an. Das Grauen spiegelte sich in ihren Gesichtern. Mit gezogenem Dolch in lichtloser Finsternis einen Gegner zu suchen, der, falls man ihn endlich ertastet hat, gnadenlos zustößt, das ist so unbeschreiblich schrecklich, dass wir stattdessen lieber mit den anderen vor der Bananenhalle warten wollen.

Die Zeit versickert so zäh wie Palmenhonig. Die Spannung wächst. Kaum einer zweifelt daran, dass Pedro im Türrahmen erscheinen wird. Aber warum dauert das so lange? Haben sich die beiden Männer so schwere Verletzungen zugefügt, dass keiner von ihnen in der Lage ist, die Kammer zu verlassen?

Endlich – ein Aufschrei geht durch die Halle! Die Tür wird aufgestoßen. Im Rahmen steht Luis Miguel, mit Blut besudelt, aber nicht mit seinem eigenen, wie es scheint, denn er bewegt sich aufrecht und festen Schrittes durch die Menschenmenge auf seine Siegesbeute zu, schließt sie, ohne ein Wort zu verlieren, in die Arme, drückt sie an sich wie ein Mann, der nach langer, gefahrvoller Reise zu seiner Frau zurückgekehrt ist. Dann hebt er sie auf und trägt sie wie eine Trophäe davon.

Denn Männer nehmen sich ihre Frauen. Frauen werden genommen. Ein Naturgesetz, das seit ewigen Zeiten gilt. Aber nicht für Frauen wie Carmencita. Sie hatte sich schon vor dem Kampf für den Richtigen entschieden: Lieber die Königin eines älteren Mannes als die Sklavin eines jungen, so sagt man in Saragossa. Dazu musste sie nur ihre Hände mit Rosenöl benetzen, bevor sie Pedro damit durch das Haar strich. Jetzt konnte ihn Luis Miguel auch in der Finsternis ausmachen, nicht mit den Augen, aber mit der Nase.

Weltuntergang

In der Nacht vor Pfingstsonntag vernahm der Papst im Garten des Vatikans eine Stimme, die folgendermaßen sprach:

»Ich kann es nicht länger mit ansehen, wie sie meine Kinder ans Kreuz schlagen, von Jesus bis hin zu den Legehennen. Welch ein Martyrium ohne Ende! Es reut mich, den Menschen gemacht zu haben. Es tut meinem Herzen weh. Ich will den nackten Affen, der von sich behauptet, dass er mein Ebenbild sei, vom Erdboden vertilgen. Darum vernimm mein Gebot: ›Gehe hin und baue dir...‹«

»... eine Arche aus Zypressenholz, und dichte sie innen und außen mit Pech«, unterbrach ihn der Heilige Vater, der als Stellvertreter Gottes die Bibel natürlich auswendig kannte.

»Falsch«, sagte der Herr. »Unterbrich mich nicht! So war es beim letzten Mal. Jetzt baue dir einen Bunker aus Stahlbeton, und dichte ihn innen und außen mit strahlensicherem Blei.«

»Verzeiht, o Herr«, sagte der Papst, »aber als Mittler zwischen Euch und den Menschen muss ich Euch darauf aufmerksam machen, dass Ihr einen Vertrag mit den Menschen geschlossen habt, welcher lautet: Hiermit schließe ich einen Bund mit euch und euren Nachkommen: Nie wieder soll die Erde durch Wasser ausgerottet werden.«

»Deshalb muss ich ja eingreifen«, sprach der Herr, »denn wenn ich es nicht verhindere, so wird die Erde durch Wasser ausgerottet, welches ihr so vergiftet habt, dass die Tage meiner Schöpfung gezählt sind.«

»Aber, Herr, habt Ihr nicht als Zeichen des Friedens den Regenbogen an den Himmel gesetzt?«

»So ist es. Und solange er leuchtet, will ich des Bundes zwischen mir und den Menschen gedenken. Aber er leuchtet nicht mehr, weil ihr den Regen und die Luft so verpestet habt, dass es keine richtigen Regenbogen mehr gibt. Ein neues Zeichen will ich euch setzen, eine Feuersäule, eine pilzförmige Wolke bis hinauf in den Himmel. Wenn du sie siehst, so gehe in die Arche, und verschließe die Türen von innen. Doch zuvor führe von allem, was lebt, ein Exemplar in den Bunker, von allen Arten des Viehes, damit sie am Leben bleiben.«

»Ein Exemplar?«, fragte der Papst, der glaubte, nicht recht verstanden zu haben. »Nicht ein Paar, je ein Männchen und ein Weibchen?«

»Auch Maria hat sich ohne Mann vermehrt und Adam ohne Weib. So wie ich aus seiner Rippe Eva machte, so werde ich die Eberrippe zur Sau und die Karpfengräte zur Kärpfin machen. Jeder Biologiestudent weiß inzwischen, wie man Zellkerne zum Klonen bringt. Das gilt auch für alle ausgerotteten Tiere. Besorge mir aus den naturhistorischen Museen so viele Knochen, wie du kriegen kannst, vom Pandabären bis zum Berggorilla.«

»Aber, Herr«, rief der Heilige Vater, »Ihr könnt doch

nicht einfach die Sexualität abschaffen! Auf diesem Fundament der Erbsünde beruht alle Macht Eurer Kirche.«

»Wenn es dich beruhigt«, sagte der Liebe Gott, »so bleiben wir beim alten Prinzip: von jeder Art ein Paar.«

»Und beim Menschen? Wie machen wir es beim Menschen?«

»Wir machen alles so wie beim letzten Mal.«

»Aber in der Bibel steht: Geh in die Arche, Noah, du, deine Söhne, deine Frau und die Frauen deiner Söhne.«

»So steht es geschrieben«, sprach der Herr.

»Aber ich bin der Papst. Ich habe keine Frau und keine Söhne und keine Schwiegertöchter.«

»Was für ein Glück für die Schöpfung«, sprach der Herr. »Das erspart uns eine weitere Sintflut.«

»Einer der originellsten kühnsten Romane des Jahres.«
Recklinghauser Zeitung

Mit »Magna Mater« hat E.W. Heine einen faszinierenden Roman über das Scheitern unserer Gesellschaft und die Zukunft der Menschheit vorgelegt. Er entführt uns in eine Welt, in der alles abgeschafft wurde, was ein friedliches Zusammenleben jahrhundertelang behinderte: die Religionen, die Kriege und auch die Liebe. In der neuen Welt herrscht nur noch die reine Vernunft. Und über allem wacht ein mächtiger Orden, an deren Spitze die Magna Mater, die große Mutter, steht.

Doch eine Ordensfrau weiß, dass sich hinter der prächtigen Maske der Magna Mater eine Lüge verbirgt. Wie konnte es in dieser Idealwelt dazu kommen? Die Ordensfrau widersetzt sich mutig allen Regeln und macht sich auf die Suche nach der Wahrheit...

E. W. Heine
Magna Mater
Roman
240 Seiten
Gebunden